C
프로그래밍
기초

"본 저서는 과학기술정보통신부 및 정보통신기획평가원의
SW중심대학지원사업의 연구결과로 수행되었음"(2019-0-01056)

C Programming

C 프로그래밍 기초

서동만 전수빈 공저

INFINITYBOOKS
인피니티북스

국립중앙도서관 출판시도서목록(CIP)

이 도서의 국립중앙도서관 출판예정도서목록(CIP)은
서지정보유통지원시스템 홈페이지(http://seoji.nl.go.kr)와
국가자료종합목록 구축시스템(http://kolis-net.nl.go.kr)에서 이용하실 수 있습니다.

CIP제어번호 | CIP2019051791

코딩, 이제는 쉽게 들을 수 있는 친숙한 단어가 되어가고 있으며 한 번쯤은 배우고 싶다는 생각을 해봤을 것이다. 또한 이 글을 읽고 있다는 것은 배우려는 마음이 더욱 커지고 있는 것이다. 하지만 왜 C언어인가? 당신이 컴퓨터 언어를 처음으로 배울 예정이고 그 첫 언어로 C를 택했다면 한 달도 채 되지 않아 포기할 수도 있다. C언어는 모든 언어의 기본이 되며 컴퓨터와 가장 잘 소통할 수 있는 언어이다. 그만큼 타 언어에 비해 다소 어려운 부분들이 존재한다.

어려운 언어, C언어는 어렵다는 편견을 깨야한다. 편견만 없어진다면 이것만큼 쉽고, 빠르고, 직관적인 언어는 존재하지 않는다. 저자는 그동안 많은 기초 교육을 하면서 좀 더 자세하고 직관적으로 다가갈 수 있는 책을 필요로 하였다.

과외 선생님, 선생님이 없어도 선생님처럼 하나하나 알려줄 수 있는 책, 마치 과외하듯 하나씩 이해하면서 넘어갈 수 있는 책을 만들기 위해 노력하였다. 본 저자는 C를 배우는 학생들과 함께 책을 보고 배우며 추가적으로 설명이 필요한 부분들을 채워 넣었다. 이 책은 책을 보고 배우는 사람들에게 최대한 빈틈없이 알아갈 수 있도록 그리고 문제를 해결해 나갈 수 있도록 자세한 설명을 목표로 한다.

모든 언어의 기본, C언어는 대부분의 언어의 기본이 된다. 이것만 잘 배운다면 다른 컴퓨터 언어는 쉽게 다가가고 배울 수 있다. 이 책과 함께 한다면 C언어는 어렵지 않다. 이 책을 하나하나 읽어가며 모든 과정을 완료한다면 여러분은 프로그래밍 언어로 향하는 문을 쉽게 열 수 있을 것이다.

CHAPTER

01

프로그래밍 언어 개요

미리보기

1장에서는 프로그래밍 언어 중 C언어란 무엇인지를 학습한다. C언어를 이용하여 프로그램을 만들기 위해서 반드시 필요한 것들에는 어떠한 것이 있는지를 알아본다. 이 책에서 앞으로 사용할 개발 환경을 소개하고, 개발 환경에서 아주 간단한 C 프로그램을 작성하여 동작하는 방법을 학습한다.

01. C언어란?

프로그래밍 언어는 인간과 컴퓨터와의 의사소통을 위해 만들어진 도구이다. 프로그래밍 언어는 컴퓨터를 이용하여 특정 문제를 해결하기 위한 프로그램을 작성하기 위해 사용되는 언어이다. 프로그래밍 언어는 일반적으로 저급 언어, 고급 언어로 분류할 수 있다.

C언어는 고급 언어의 한 종류로 컴파일러 언어라고도 한다. C언어는 인간이 실생활에서 사용하는 자연어와 비슷한 형태 및 구조를 가지고 있다. 특히 하드웨어에 대한 깊은 지식이 없어도 프로그램 작성과 수정이 용이하다.

이 책에서는 모든 고급 언어의 기반이 되는 C언어에 대해서 배울 것이다. C언어의 특징은 다음과 같다.

1. 고급 언어이므로 사람이 이해하기 쉽다.
2. C언어는 다른 여러 언어의 기반이 되는 언어이므로 C언어를 배우면 다른 언어를 공부하기 편하다.
3. C언어는 절차 지향적 특성을 지니고 있기 때문에 배우기 쉽다.

   절차 지향적이란 '정해진 순서의 실행 흐름'을 따른다는 의미이며 말 그대로 코드가 위에서 아래로 순서대로 실행된다는 뜻이다.
4. C언어로 작성된 프로그램은 이식성이 좋다.

   CPU와 상관없이 실행이 가능하고 운영체제가 다르더라도 비슷하게 실행될 수 있다.
5. 성능적인 측면에서 다른 언어보다 좋은 성능을 보인다.

   다른 언어들에 비해 메모리 관리를 심도있게 할 수 있고 속도를 저하시키는 요소들을 최소화하여, 다른 언어들보다 좋은 성능을 가진다.

02. 컴파일러란?

프로그래밍 언어로 작성되어 있는 문서를 컴퓨터가 이해할 수 있는 언어로 변환해주는 프로그램이다. 원래의 문서를 소스코드라고 부르며 출력된 문서를 목적코드라고 부른다. 목적코드는 컴퓨터가 처리하기에 용이한 형태로 되어 있으며 이런 소스코드에서 목적코드로 옮기는 과정을 컴파일이라고 한다. 우리는 C언어를 사용할 것이므로 C컴파일러를 사용하게 되며 컴파일러의 종류는 무수히 많기 때문에 별도로 찾아보는 것을 권장한다. 대표적인 컴파일러에는 GCC(GNU Compiler Collection)가 있다.

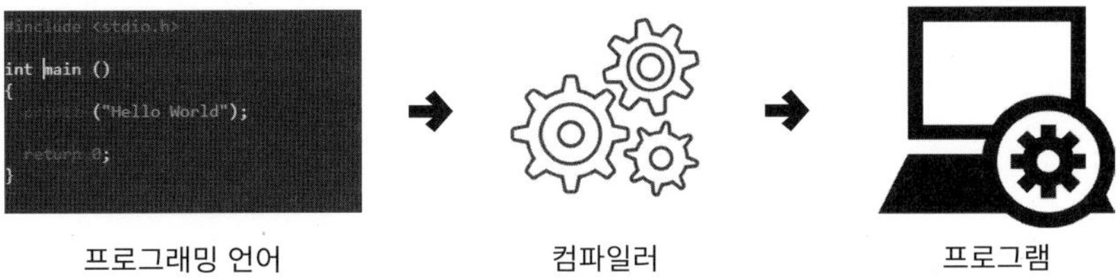

03. 통합 개발 환경

통합 개발 환경(IDE : Integrated Development Environment)은 코딩, 컴파일, 디버그 등 프로그램 개발에 관련된 모든 작업을 하나의 프로그램 안에서 처리할 수 있는 환경을 제공하는 프로그램 또는 소프트웨어이다. 기존의 소프트웨어 개발에는 코딩, 컴파일, 디버깅 등의 과정을 모두 따로 해결했지만 최근에는 이러한 프로그램들을 하나로 묶어 통합 환경으로 제공하고 있다.

이 책에서는 통합 개발 환경 중에서도 웹을 기반으로 하고 있는 두 가지 개발 환경을 소개한다. 웹 기반의 통합 개발 환경은 사용자가 별도로 설치할 필요 없이 어느 장소에서든 웹에서 바로 개발을 할 수 있다는 장점이 있다. 물론 배포까지 하기에는 기능이 많이 부족하지만 C언어를 배우는 입장에서 웹 기반의 통합 개발 환경은 아주 좋은 도구로 쓰일 수 있다.

04. 웹 기반의 통합 개발 환경의 종류

1) WandBox

프로그래밍을 위한 다양한 언어(예: C, C++, C#, Java 등)들이 지원되며, UI/UX가 직관적으로 구성되어 있어 사용이 편리하다. 또한, 작성한 코드를 링크 형태로 타인과 공유하는 것이 간편하다는 장점이 있다.

2) GDB online

WandBox와 같이 다양한 언어로 프로그래밍을 수행할 수 있으며, 타 통합 개발 환경에서는 지원하지 않는 디버깅 기능을 제공하고 있다. 또한, 실제 환경의 콘솔 입력과 유사하게 구성되어 있어 웹 상이지만 기존의 통합 개발 환경과 유사하게 사용할 수 있다.

위 1, 2번에서 소개하고 있는 웹 컴파일러 외에도 goorm, Ideone, run code 등 테스트를 수행할 수 있는 다양한 컴파일러가 구현되어 있다.

05. 웹 기반의 통합 개발 환경(Wandbox)

01. Wandbox 사이트에 접속한다(https://wandbox.org/).

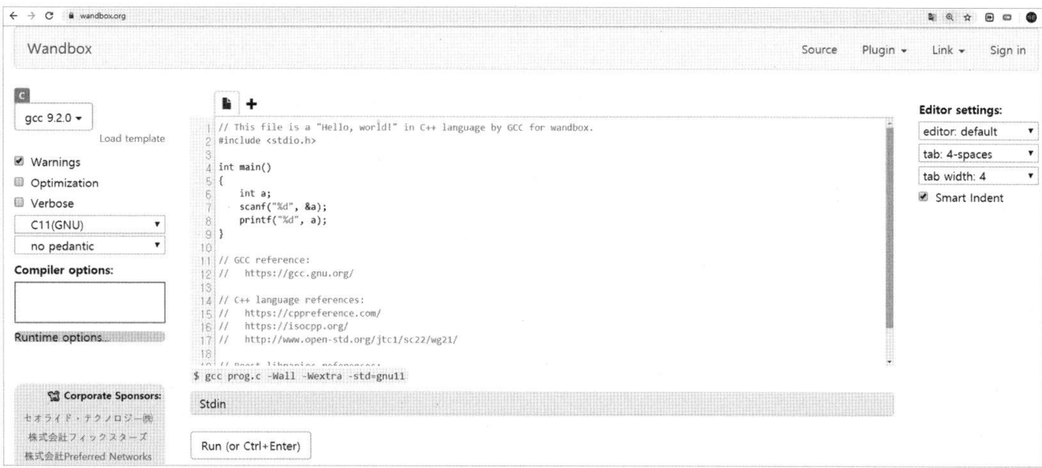

02. 프로그래밍을 수행할 언어 및 컴파일러 버전을 선택한다.

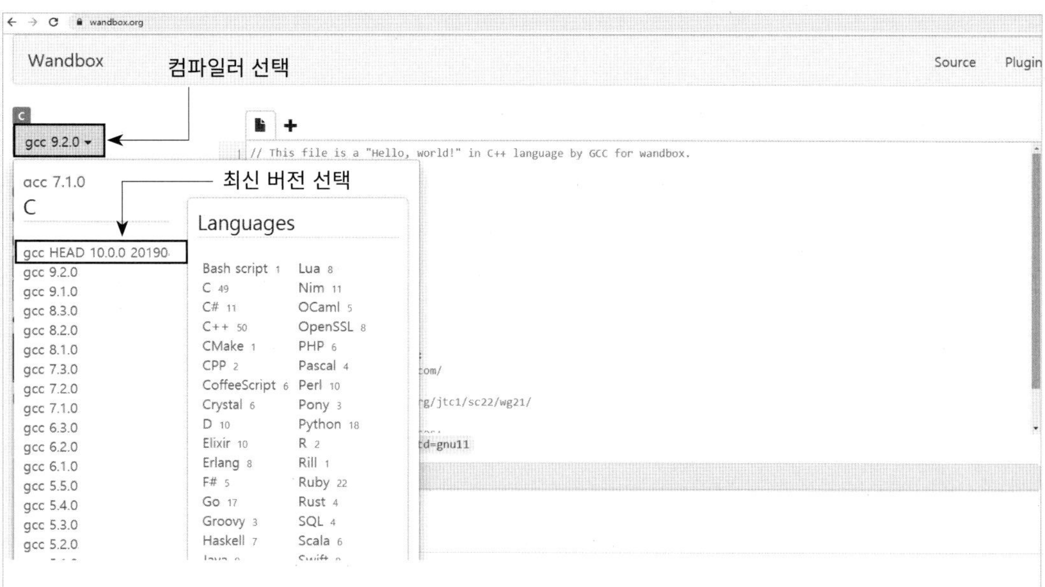

03. 선택한 컴파일러에 해당하는 코드 예시(템플릿) 불러오기

04. 코드 작성 구역에서 프로그래밍을 위한 코드 작성 진행

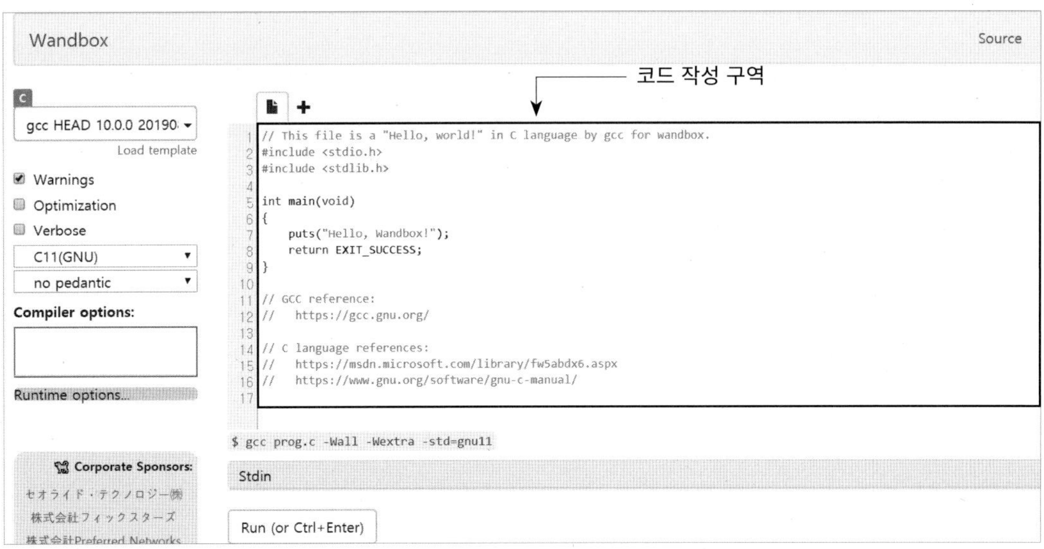

05. 추가 소스코드 작성이 필요하다면 소스코드 페이지 추가 확장을 선택

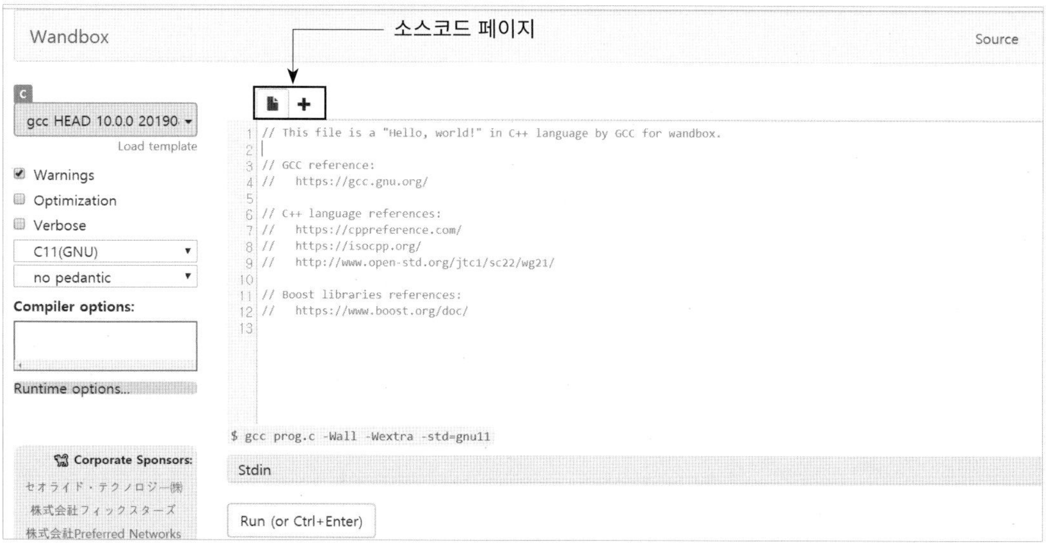

06. 프로그램 생성을 위해 컴파일 세부 옵션 선택 후 컴파일 수행

- Warnings: 경고 출력
- Optimization: 코드 최적화 여부
- Verbose: 상세정보 출력 여부

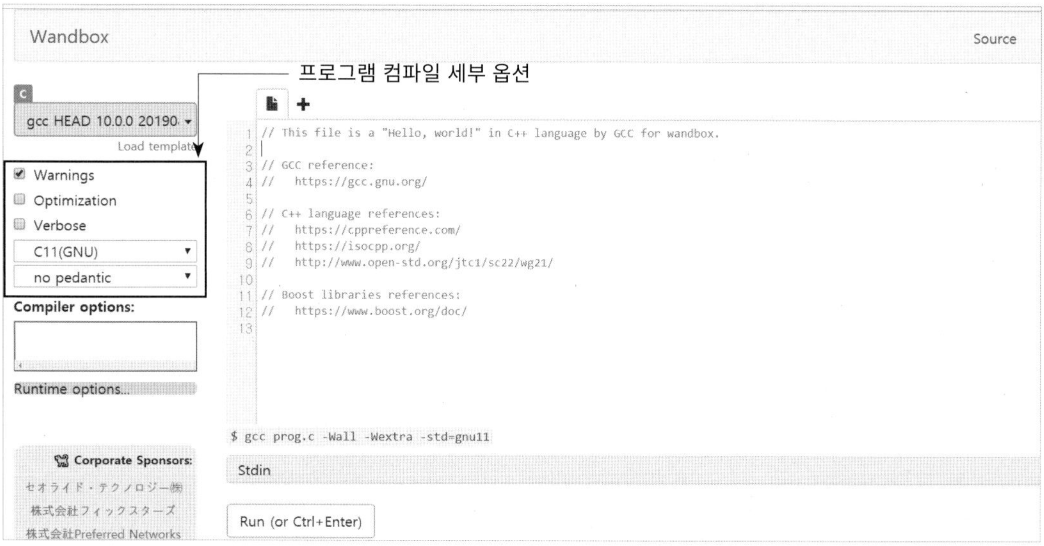

07. 프로그램 컴파일 옵션 선택 완료 후 프로그램 실행

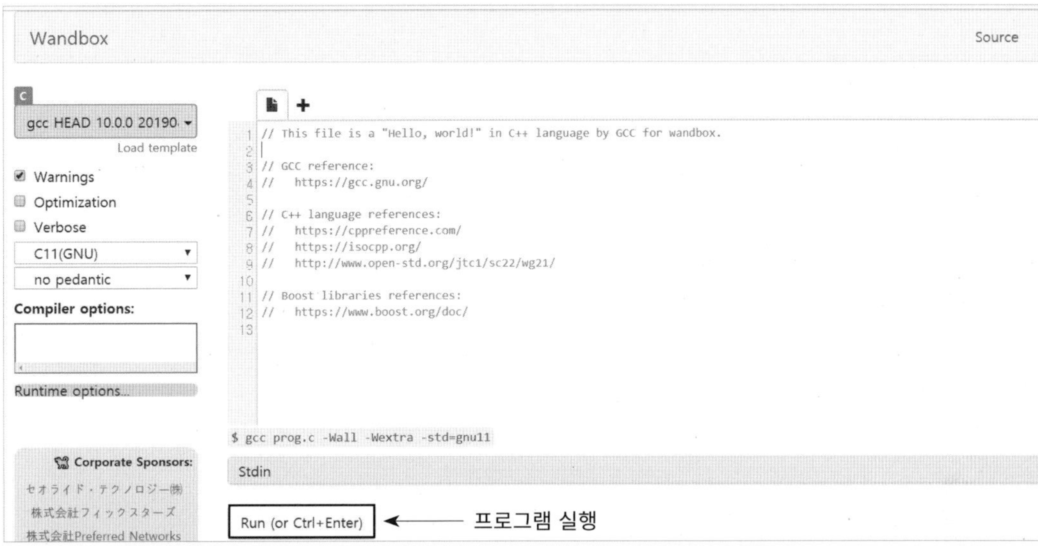

08. 프로그래밍 결과 확인

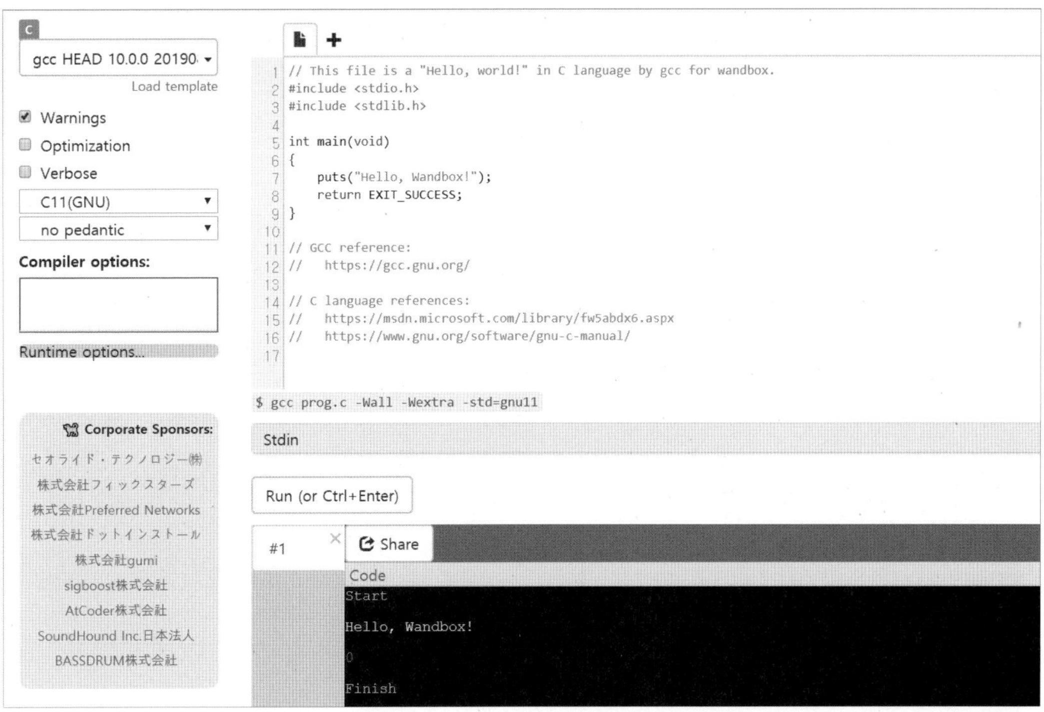

06. 웹 기반의 통합 개발 환경 사용방법 (GDB Online)

01. GDB Online 사이트에 접속한다(https://www.onlinegdb.com/).

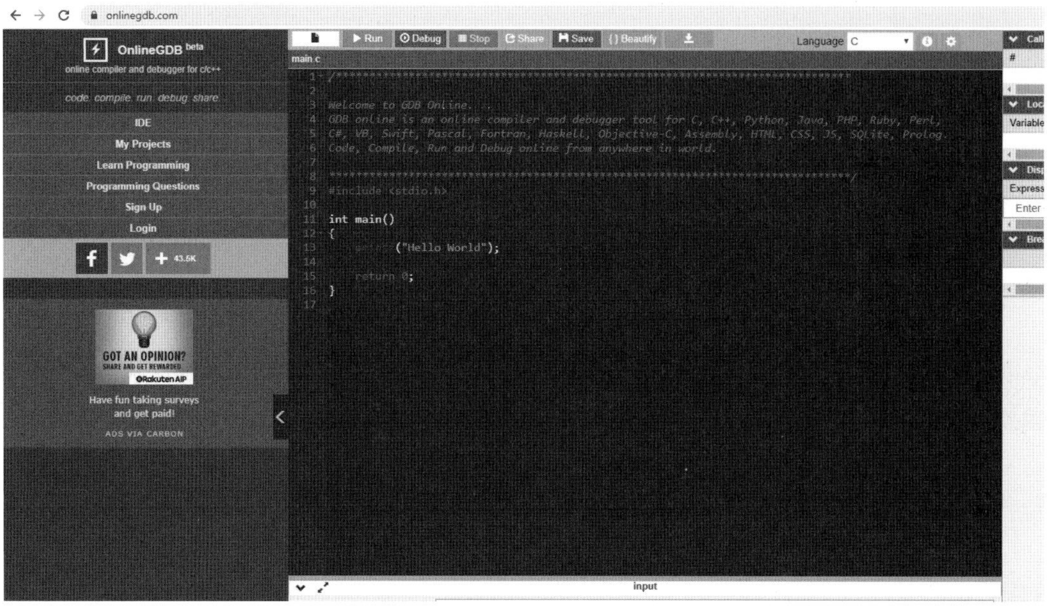

02. 코드 작성 구역에서 프로그래밍을 위한 코드 작성 진행

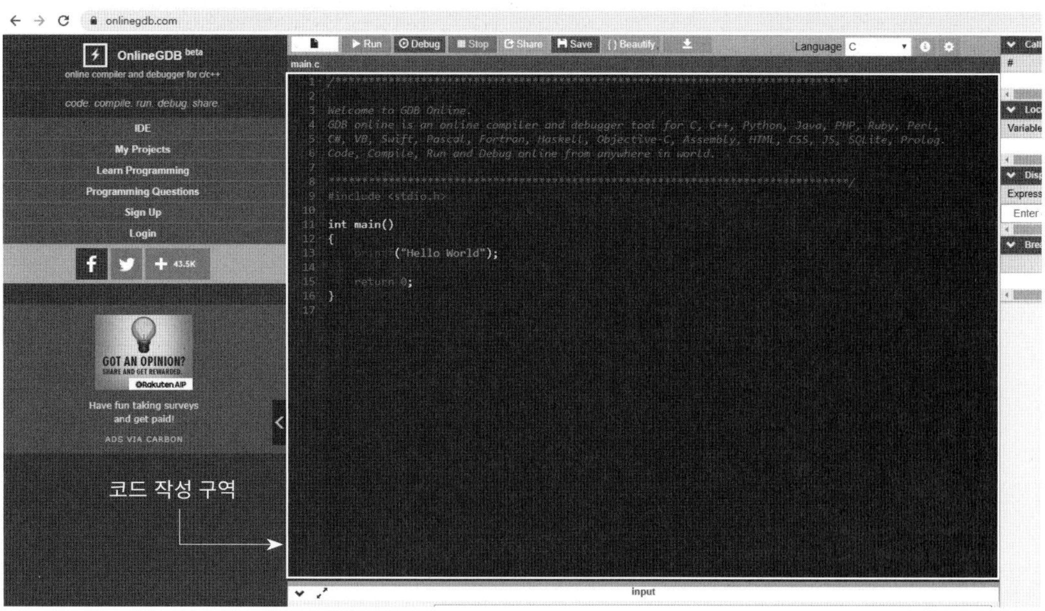

03. 코드 작성 후 프로그램 실행

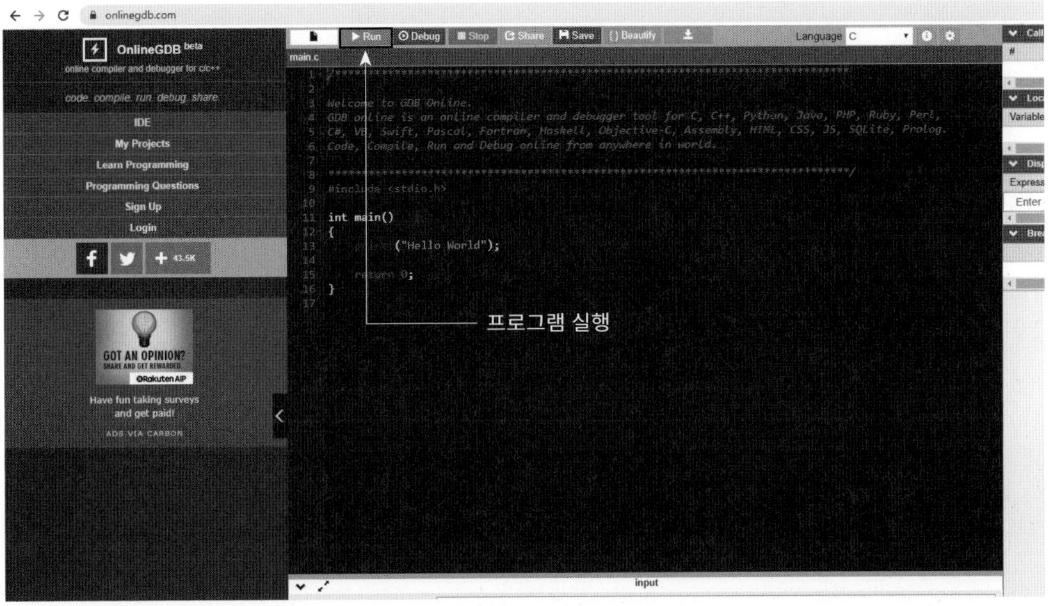

04. 코드 동작 간 프로그램 내부의 값을 확인하기 위해 사용하는 실행 옵션 (디버깅)

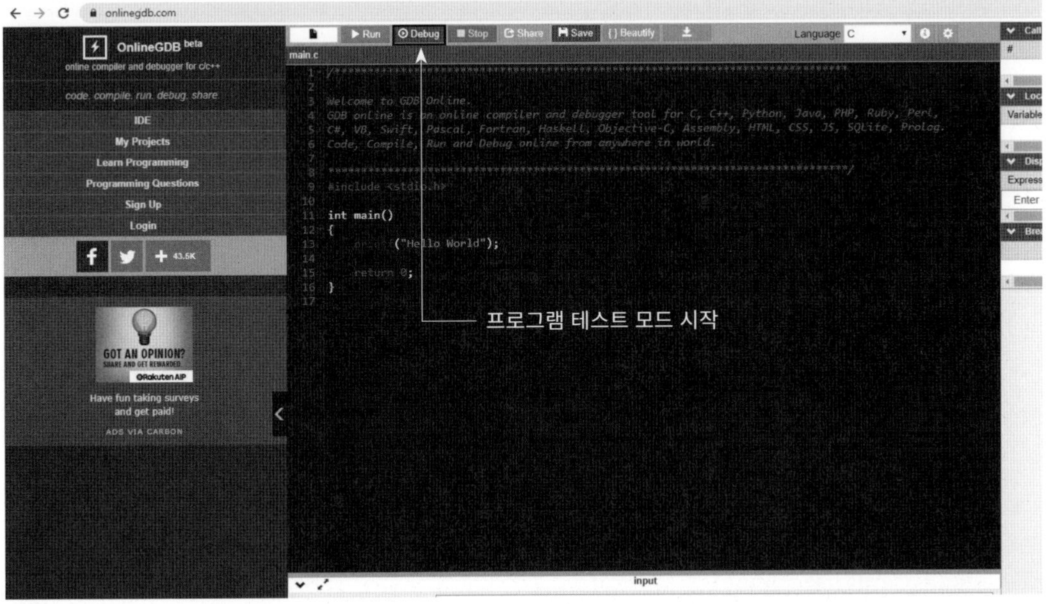

05. 프로그램 동작 중에 중단을 해야 될 경우 Stop 버튼 클릭

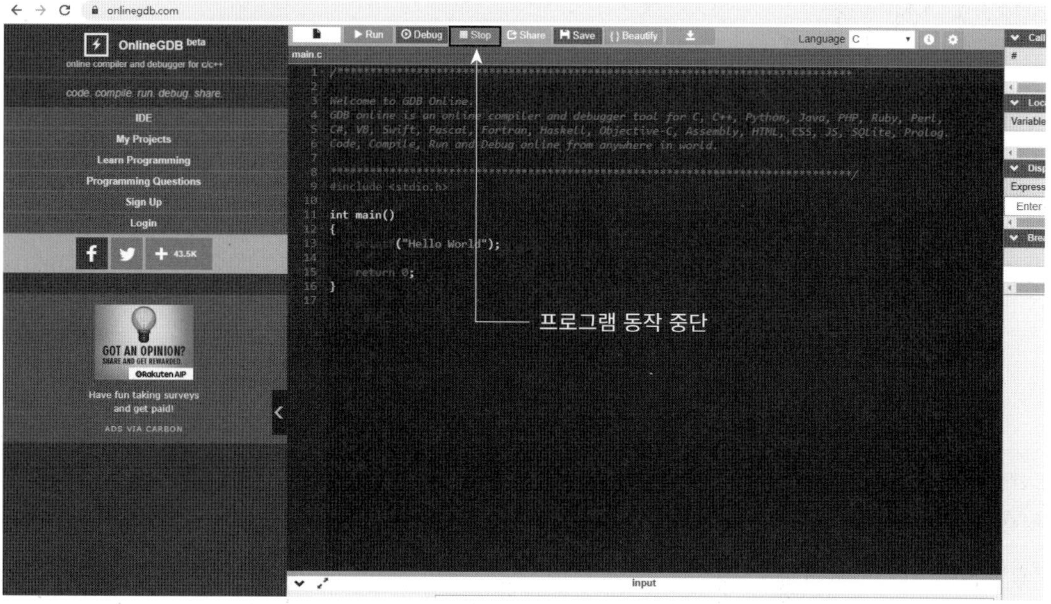

06. 작성한 프로그램 코드까지 임시 저장하기 위해 Save 버튼 클릭

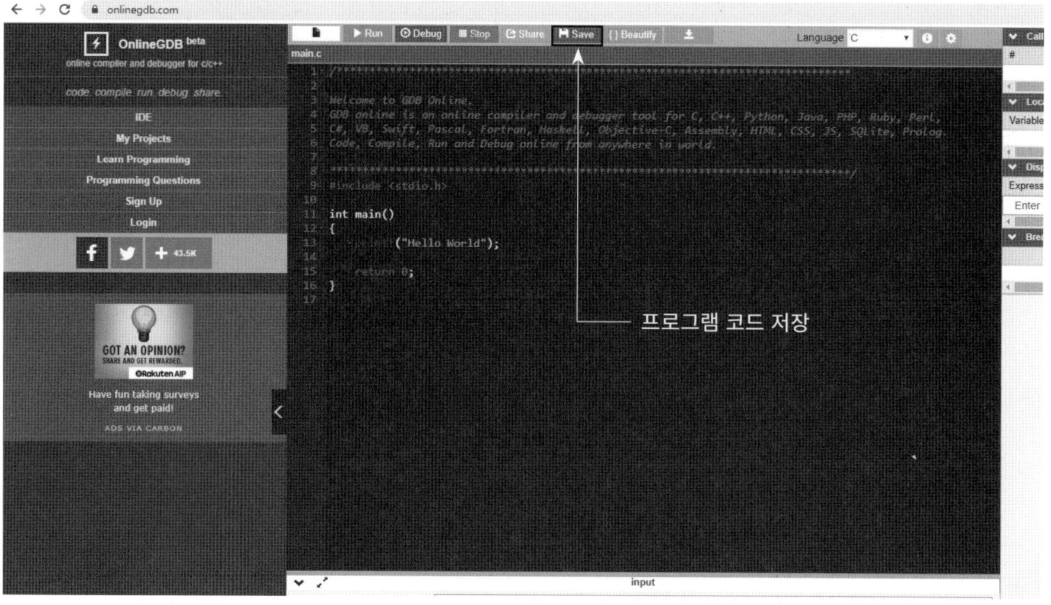

07. 코드 가독성 향상을 위해 자동 들여쓰기 교정

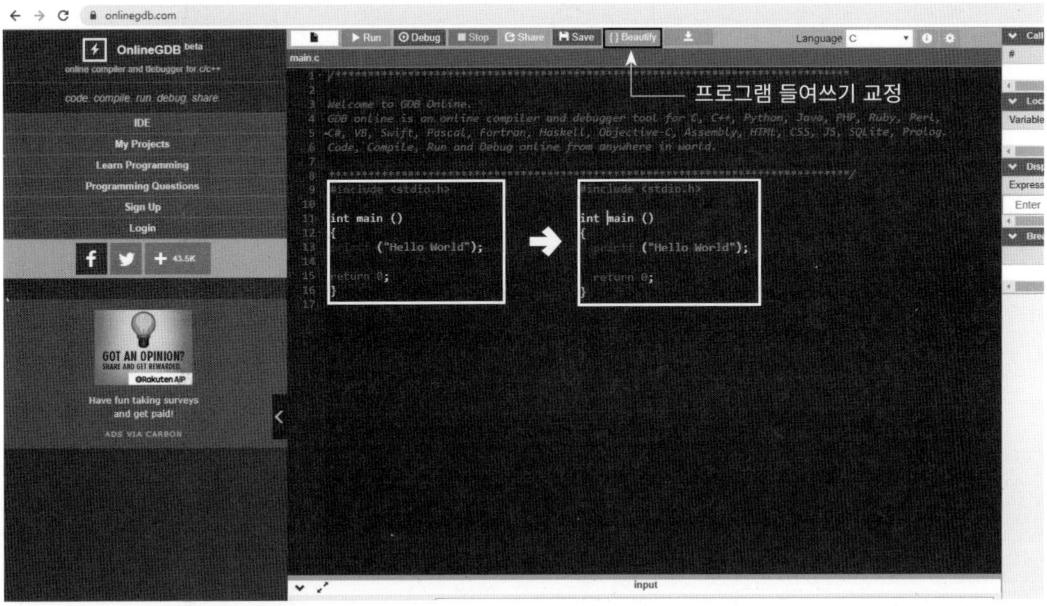

08. 소스코드 작성 완료 후 로컬에 작성한 소스코드 저장

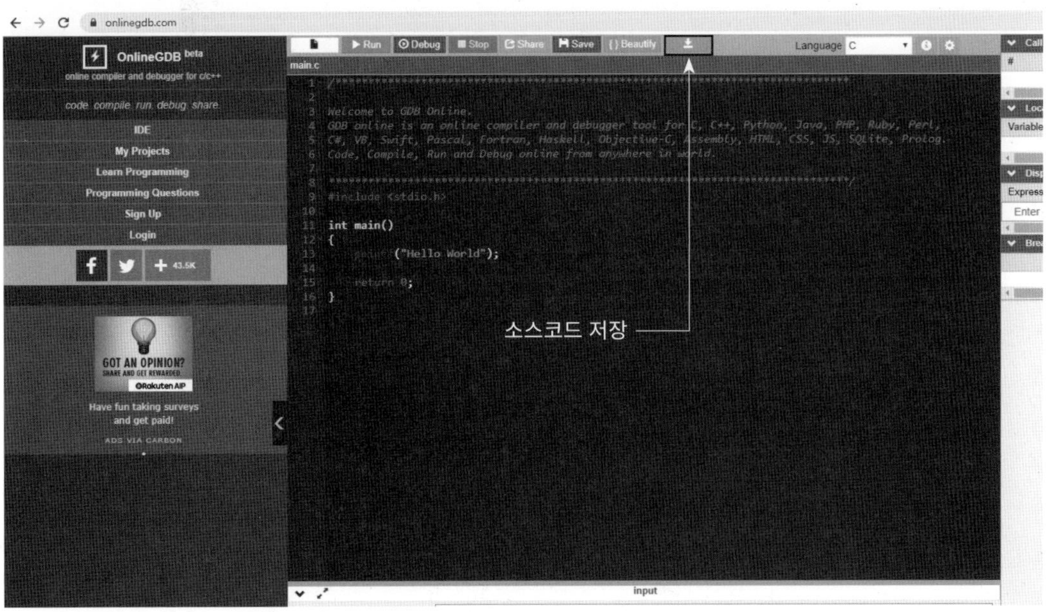

CHAPTER

02

기본 입출력

미리보기

2장에서는 C언어를 이용한 기초적인 프로그래밍 방법을 학습한다. 프로그램에 있어 가장 중요한 기본적인 입출력 방법을 학습하기 위해, 표준 출력인 콘솔(텍스트 기반의 모니터)과 표준 입력인 키보드를 활용하여 함수를 학습한다. 이를 위해 표준 입출력 함수를 사전에 정의해놓은 stdio.h라는 이름의 헤더 파일을 소스코드에 포함하는 방법을 학습한다.

01. 화면에 다음과 같이 출력하는 프로그램을 작성하시오.

【 출력 예 】

```
Hello World
```

【 소스 2-1 】

```
#include <stdio.h>                //표준 입출력 헤더
                                  //이 부분이 없으면 입출력 사용 불가
int main(void) {
   printf("Hello World");         //"Hello World" 출력
   return 0;
}
```

앞으로 위 코드가 C언어의 기본 형태라고 보면 된다. 기본적으로 전처리부, main 함수로 구성된다.

전처리부 #include <stdio.h>

코드의 가장 처음에 오는 전처리부라고 하며 stdio.h를 불러오기 위한 선행 작업이라고 보면 된다. stdio.h는 표준 입출력(Standard Input Output)을 담당하는 헤더 파일이며 기본적인 입력, 출력을 도와주는 함수(명령)를 포함하기 때문에 항상 불러와서 사용해야 하는 파일이다. 전처리부에는 stdio.h 이외에도 여러 파일을 불러올 수 있다.

int main(void)

메인 함수라고 하며 프로그램이 실행될 때 가장 먼저 이 메인 함수를 찾아 실행하게 된다. 그러므로 C 언어로 프로그래밍할 때 항상 필수적으로 사용해야 하는 함수라고 생각하면 편하다.

함수는 일반적으로 '{}'(중괄호) 내부의 내용을 실행하게 된다. 중괄호는 함수의 시작과 끝을 나타내며 C언어 프로그램은 메인 함수를 시작으로 끝 부분까지 순차적으로 실행된다.

printf("Hello World");

메인 함수 안에서 첫 명령을 실행하는 함수이다. printf("Hello World")는 " " 내부에 있는 문장을 화면에 출력하기 위한 함수(명령)이며 위 함수를 수행하면 화면에 "Hello World"가 출력된다. 여기서 주의할 점은 항상 명령어의 끝에는 ;(세미콜론)이 있어야 한다. C언어 해석 도구는 ';'을 통해 명령의 마지막을 구분한다.

```
return 0;
```

기본적으로 함수가 종료되면 자신을 실행한 선행 명령부에 특정 값을 반환해줄 수 있다. 메인 함수의 경우 함수가 종료되면 프로그램도 종료되기 때문에, 프로그램 종료 후 프로그램이 종료되었다는 것을 반환 값을 통해 알려준다. 0을 반환하면 운영체제는 정상적인 종료로 판단한다.

혼자 해보기

다음과 같이 출력하는 프로그램을 작성하시오.

【 출력 예 】

```
Hello World My Name is InfinityBooks
```

02. 아래와 같이 문자 출력 후 줄 바꿈을 수행하는 프로그램을 작성하시오.

【 출력 예 】

```
한국대학교
IT공학부
20085027 이재혁
```

【 소스 2-2 】

```
#include <stdio.h>

int main(void) {
    //3개의 출력문을 사용하여 3줄 출력
    printf("한국대학교\n");
    printf("IT공학부\n");
    printf("20085027 이재혁\n");
    return 0;
}
```

printf 함수에는 기본적으로 줄 바꿈을 위한 기호가 존재한다. '\n'은 개행(new line) 기호라고도 하며 printf 함수 내의 문자열에서 줄 바꿈을 위해 사용한다. 여러 줄을 띄우고 싶을 때에는 '\n'을 여러 번 사용하면 된다. '\n'에서 '\'는 한글 키보드에서 '₩'(대한민국 원) 기호를 누르면 입력된다.

혼자 해보기

다음과 같이 출력하는 프로그램을 작성하시오.

【 출력 예 】

```
Hello World
My Name is InfinityBooks.
Nice to meet you.
```

2번 문제에서 줄 바꿈 기호를 여러 번 쓸 수 있다고 배웠다. 위 프로그램은 printf( ) 함수 하나에 줄 바꿈 기호를 3번 사용하여 각 문장 사이에 3번의 줄 바꿈을 실행하였다.

'\'는 '이스케이프' 문자라고 하며 특수한 문자나 기호와 조합하여 특수한 동작을 수행한다. 이런 문자들을 이스케이프 시퀀스 또는 이스케이프 문자(Escape Character)라고 한다. C언어에서 대표적으로 사용하는 이스케이프 시퀀스는 아래와 같다. 더 많은 종류가 있지만 이 정도만 알고 있어도 문제 없다.

문자	의미	설명
\n	개행, 뉴 라인(new line)	커서를 다음 줄 첫 번째 위치로 넘김
\r	복귀, 캐리지 리턴(carriage return)	커서를 다음 줄로 넘기지 않고 그 줄의 첫 번째 위치로 넘김
\t	수평 탭(horizontal tab)	키보드의 tab키와 같은 기능
\v	수직 탭(vertical tab)	수직으로 탭
\\	백슬래시(backslash)	백슬래시를 표기해줌(₩ 또는 \로 표기)

혼자 해보기

다음과 같이 출력하는 프로그램을 작성하시오.

【 출력 예 】

```
This is
C Programming
Example
```

03. 화면에 다음과 같이 출력하는 프로그램을 작성하시오.

【 출력 예 】

```
CCCCCCCCCC
C        C
C        C
C        C
C        C
CCCCCCCCCC
```

【 소스 2-3-1 】

```
#include <stdio.h>

int main(void) {
   printf("CCCCCCCCCC\n");
   printf("C        C\n");
   printf("C        C\n");
   printf("C        C\n");
   printf("C        C\n");
   printf("CCCCCCCCCC\n");
   return 0;
}
```

printf( ) 함수는 " " 사이의 내용 중 이스케이프 시퀀스를 제외한 모든 문자를 출력한다. 여기에는 공백도 포함하기 때문에 위와 같은 출력 결과를 만들 수 있다.

【 소스 2-3-2 】

```
#include <stdio.h>

int main(void) {
   printf("CCCCCCCCCC\nC        C\nC        C\nC        C\nC        C\nCCCCCCCCCC");
   return 0;
}
```

위와 같이 printf( ) 함수 " "안에 모든 내용을 작성할 경우 결과 화면과 같이 출력은 되지만 프로그램 작성 시 가독성이 떨어질 수 있다. 가독성은 소스코드의 내용과 흐름의 이해를 위해 중요한 성질이므로 항상 소스코드의 가독성을 염두에 두고 코딩을 하는 것이 좋다.

혼자 해보기

다음과 같이 출력하는 프로그램을 작성하시오.

【 출력 예 】

```
K      K
K    K
K  K
KK
K  K
K    K
K      K
```

04. 화면에 다음과 같이 출력하는 프로그램을 작성하시오.

【 출력 예 】

```
첫 번째 숫자 : 123
두 번째 숫자 : 7.600000
```

【 소스 2-4 】

```c
#include <stdio.h>

int main(void) {
    printf("첫 번째 숫자 : %d\n", 123);    //%d -> 정수 서식
    printf("두 번째 숫자 : %f\n", 7.6);    //%f -> 실수 서식을 붙임으로써 반올림
    return 0;
}
```

printf( )는 아래와 같이 서식문자를 포함하는 포맷 문자열과 포맷 문자열에 값을 전달해주는 인수 형태로 구성할 수 있다.

```
printf("포맷 문자열", 인수)
```

포맷 문자열에는 기본적으로 문자를 작성하되 서식문자(%)를 이용하면 해당 자리에 인수의 값을 전달받아 출력한다.

```
printf("첫 번째 숫자 : %d\n", 123);
```

"첫 번째 숫자 : "는 그대로 출력되며 안에 포함된 정수형 서식문자 %d는 오른쪽 인수의 값을 전달받아 '123'을 출력하게 된다. 최종적으로 "첫 번째 숫자 : 123"이 출력된다.

```
printf("두 번째 숫자 : %f\n", 7.6);
```

실수형 서식문자 %f를 포함하고 있기 때문에 인수 7.6을 전달받아 출력한다.

아래는 주로 사용되는 서식문자를 표로 정리하였다.

서식문자	설명
%d, %i	부호 있는 10진수 정수
%u	부호 없는 10진수 정수
%x	부호 없는 16진수 정수
%f	실수를 소수점으로 표기
%c	문자 (한 개의 문자만을 나타냄, 작은따옴표('A')로 표시
%s	문자열 (한 개 이상의 문자가 모여 이루어진 문장, 큰따옴표('ABC')로 표시)

혼자 해보기

다음과 같이 출력하는 프로그램을 작성하시오.

【 출력 예 】

```
첫 번째 정수를 입력하시오. 55
두 번째 정수를 입력하시오. 65
세 번째 정수를 입력하시오. 90
```

05. 다음과 같이 출력하는 프로그램을 작성하시오. (합계와 평균은 수식을 이용하여 계산한 것)

【 출력 예 】

```
각 과목의 점수와 합계, 평균을 출력한다.
kor 55, mat 65, eng 90
sum 210
avg 70
```

【 소스 2-5 】

```
#include <stdio.h>

int main(void) {
    printf("%s\n", "각 과목의 점수와 합계, 평균을 출력한다.");
    printf("kor %d, mat %d, eng %d\n", 55, 65, 90);
    printf("sum %d\n", 55 + 65 + 90);
    printf("avg %d\n", (55 + 65 + 90) / 3);
    return 0;
}
```

printf("%s\n", "각 과목의 점수와 합계, 평균을 출력한다.");

%s 는 문자열 서식이다. 오른쪽 문자열을 그대로 받아서 출력한다.

printf("kor %d, mat %d, eng %d\n", 55, 65, 90);

서식의 개수는 제한없이 계속 쓸 수 있으며 서식의 개수에 따라 인자의 개수도 같아야 한다. 위의 경우 첫 번째 %d 서식에는 첫 번째 인자 55가 출력되며 두 번째 %d 서식에는 65가 출력된다. 인자의 구분은 ','로 구분한다.

printf("sum %d\n", 55 + 65 + 90);

%d 서식에는 인수인 55+65+90의 계산 결과인 210이 출력된다. 인수의 내용이 계산식이면 계산 결과가 대입된다.

printf("avg %d\n", (55 + 65 + 90) / 3);

%d에는 (55+65+90)/3의 결과인 70이 출력된다. 연산자 우선순위에 따라 '/' (나누기) 연산의 우선순위가 '+' (덧셈) 연산자보다 높기 때문에 '( )'를 사용하여 덧셈 연산을 먼저 실행한 후 나누기 연산을 실행해야 한다. 연산자 우선순위는 '( )' > '/' > '+' 순으로 먼저 실행된다.

혼자 해보기

다음과 같이 출력하는 프로그램을 작성하시오.

【 출력 예 】

```
각 과목의 점수, 합계, 평균을 출력한다. (단, 소수점 첫째 자리까지 출력한다.)
kor 57.9, mat 88.5, eng 91.9
sum 238.4
avg 79.5
```

---

06. 다음과 같이 출력하는 프로그램을 작성하시오.

【 출력 예 】

```
각 과목의 점수와 합계, 평균을 출력한다.
sub       score
----------------
kor          50
mat          65
eng          90
----------------
sum         205
avg          68
```

【 소스 2-6 】

```
#include <stdio.h>

int main(void) {
    printf("각 과목의 점수와 합계, 평균을 출력한다.\n");
    printf("%s%8s\n", "sub", "score");
    printf("-----------\n");
    printf("%s%8d\n", "kor", 50);
    printf("%s%8d\n", "mat", 65);
    printf("%s%8d\n", "eng", 90);
    printf("-----------\n");
    printf("%s%8d\n", "sum", 50 + 65 + 90);
    printf("%s%8d\n", "avg", (50 + 65 + 90) / 3);
    return 0;
}
```

`printf("%s%8s\n", "sub", "score");`

"%8s"는 문자열 서식으로 문자열을 포함하여 8자리의 공간을 지정한다는 의미이다. 즉, "%8s"위치에 8자리의 공간을 지정한 후 "score" 문자열을 대입하면 남는 3자리에는 공백이 생기며 문자열은 오른쪽 정렬이 된다.

`printf("%s%8d\n", "kor", 50);`

"%8d"의 경우 정수형 서식으로 숫자를 포함한 8자리의 공간을 지정한다는 의미이다. 그리고 정렬은 위 "score"와 같이 오른쪽 정렬이 된다.

혼자 해보기

다음과 같이 출력하는 프로그램을 작성하시오.

【 출력 예 】

```
stuff   price   stock
---------------------
 ramen   1000     96
   egg   2500    326
coffee    500    120
```

07. 변수를 선언한 후 변수에 정수, 문자을 대입하여 다음과 같이 출력하는 프로그램을 작성하시오.

【 출력 예 】

```
a = 2
b = c
```

【 소스 2-7 】

```
#include <stdio.h>

int main(void) {
    int a = 2;
    char b;
    b = 'c';
    printf("a = %d\nb = %c \n", a, b);
    return 0;
}
```

위 소스와 같이 숫자, 문자 등을 변수로 선언하여 사용할 수 있다. 변수란 '변하는 수' 또는 '변경이 가능한 수'를 의미하며 위와 같이 변수를 선언하면 컴퓨터의 메모리에 각 변수의 자료형에 맞는 공간을 할당한다.

각 변수의 값은 그 형태에 맞는 자료형이 존재하며 변수를 선언하기 위해서는 변수 앞에 자료형을 정의해줘야 한다. 자료형은 변수의 종류를 의미하며 그 종류에는 정수, 실수, 문자, 문자열 등이 있다. C의 기본 자료형의 종류는 다음과 같다.

자료형	명칭	크기	값의 표현범위
정수형/문자형	char	1byte	한 개의 문자 (정수 : −128 ~ +127)
정수형	int	4byte	−2,147,483,648 ~ +2,147,483,647
실수형	float	4byte	유효 소수점 약 6자리
	double	8byte	유효 소수점 약 15자리

char의 경우 정수형/문자형 모두 표현이 가능하다. printf( )의 출력 방식에 따라 %c로 출력하면 문자, %d로 출력하면 정수로 출력된다.

int a = 2;

정수 자료형의 변수 a를 선언하고 그 값을 2로 초기화한다. 변수는 선언과 동시에 초기화가 가능하고 초기화하지 않으면 알 수 없는 값(쓰레기 값)으로 초기화된다.

char b;

문자형 자료형의 변수 b를 선언한다.

b = 'c';

변수 b에 문자 'c'를 대입한다. 변수 선언과 동시에 초기화할 수도 있지만 이렇게 중간에 변수의 값을 대입하여 변경할 수 있다. 변수는 변하는 수라는 의미로 언제든지 변할 수 있다는 것을 잊지 말자.

printf("a = %d\nb = %c \n", a, b);

printf( ) 문자열의 첫 번째 %d에 a의 값 2가 출력되고 두 번째 %c에 b의 값 c가 출력됨을 볼 수 있다.

변수의 이름은 아래의 규칙만 따른다면 소스코드를 작성하는 사람이 마음대로 정할 수 있다.

1. 영문자, 숫자, 밑줄(_)만이 사용 가능하다.
2. 숫자를 변수 이름의 처음으로 사용할 수 없다. (예: int 2d; –> 오류)
3. 변수 이름에서 대소문자는 구분된다. (예: int A와 int a는 별개의 변수이다.)
4. 키워드(int, void, if, return과 같은 단어)는 변수 이름으로 사용할 수 없다.

5. 하나 또는 두 개의 밑줄(_ 또는 __)로 시작하는 이름은 미리 식별된 문자로 예약되어 있다.

6. 변수 이름의 길이는 제한이 없다.

변수의 이름을 정할 때에는 어떤 용도로 사용하느냐에 따라 의미있게 사용자가 정하는 것이 좋다.

【 예 】

과목명: korean, english, math

계산: sum, average, divide

혼자 해보기

다음과 같이 출력하는 프로그램을 작성하시오.

【 출력 예 】

```
n = 2
m = 4
ch = E
```

08. 두 개의 변수를 입력받아 결과를 출력하는 프로그램을 작성하시오.

【 입력/출력 예 】

입력 예:

```
정수 2개를 입력하시오 >>
2 3
```

출력 예:

```
a = 2
b = 3
```

【 소스 2-8 】

```
#include <stdio.h>

int main(void) {
    int a, b;
    printf("정수 2개를 입력하시오 >> \n");
    scanf("%d%d", &a, &b);        //키보드로부터 입력받은 값을 변수 a, b에 삽입
```

```
    printf("a = %d\n", a);                //변수 a에 저장된 값 출력
    printf("b = %d\n", b);                //변수 b에 저장된 값 출력
    return 0;
}
```

int a, b;

정수형 변수 a와 b를 선언한다. 변수의 자료형이 같다면 위와 같이 구분자 ','를 이용하여 한 번에 변수를 선언할 수 있다.

scanf("%d%d", &a, &b);

printf( )와 반대로 scanf( )는 표준 입력 함수이다. 함수의 형태는 printf( )와 유사하며 포맷 문자열에 문자열 또는 서식문자를 넣을 수 있고 그 다음 오른쪽에는 인수로 구성된다.

위 함수의 경우 키보드를 통해 정수형 변수 a와 b에 값을 입력받는다. 입력에서는 인수의 변수 앞에 반드시 '&' 문자를 붙여주어야 한다. 이는 해당 변수가 위치한 메모리의 주소를 넣으라는 의미다.

프로그램을 실행한 후 그대로 멈춰 있다면 키보드로 "2 3"을 입력한 후 Enter 또는 "2" 입력 후 Enter, "3" 입력 후 Enter를 눌러보자. scanf( )의 경우 포맷 문자열에 "%d%d"라고 정의했다면 입력 시 각 값을 띄어쓰기 또는 엔터로 구분하여 입력한다.

혼자 해보기

다음과 같이 출력하는 프로그램을 작성하시오.

【 입력/출력 예 】

```
입력 예:    정수를 입력하시오 >>
            1
            또 다른 정수를 입력하시오 >>
            5

출력 예:    정수는 : 1
            정수는 : 5
```

---

09. 두 개의 변수에 정수와 문자를 대입한 후 아래와 같이 값을 바꾸어 출력하는 프로그램을 작성하시오.

【 입력/출력 예 】

입력 예: 2 a

출력 예: a 2

【 소스 2-9 】

```
#include <stdio.h>

int main(void) {
    int a;
    char b;
    scanf("%d", &a);
    scanf(" %c", &b);

    printf("%c %d\n", b, a);
    return 0;
}
```

scanf("%d", &a);

printf( )와 마찬가지로 문자열 포맷의 서식문자 형식과 개수를 인수의 형식과 개수에 맞추어 사용하면 된다. 정수형 "%d"가 1개이므로 인수도 정수형 변수 a 하나를 사용하였다.

예제 8에서 scanf( ) 함수의 입력받는 변수가 여러 개이면 Enter 또는 띄어쓰기로 각 변수를 구분할 수 있다고 하였다. 위와 같이 여러 개의 scanf( ) 함수를 사용해도 입력값은 똑같이 띄어쓰기 또는 Enter로 구분할 수 있다. 하지만 char와 같은 문자형 자료형의 경우 조금 다른 형태로 scanf( )의 입력값을 설정해야 한다.

scanf(" %c", &b);

한 개의 문자를 입력받아 변수 b에 저장한다. 여기서 "%c"앞에 공백을 넣은 것을 주의해야 한다. 문자열의 경우 공백 또는 Enter도 문자로 인식하기 때문에 공백 또는 Enter 입력 시 그 문자가 그대로 변수 b에 저장된다.

문자형 자료형은 위와 같이 특수문자를 구분하기 위하여 "%c" 앞에 공백을 넣어준 것이며 이렇게 하면 특수문자를 무시하고 사용자가 원하는 문자를 입력받을 수 있다.

입력 방법

"2 5" 또는 "2" Enter, "5" Enter로 입력받을 수 있다.

printf("%c %d\n", b, a);

변수 a와 b 순으로 입력받은 값을 거꾸로 출력해야 하므로 출력은 b와 a 순으로 출력한다.

혼자 해보기

다음과 같이 정수와 문자를 교환(Swap)하는 프로그램을 작성하시오.

【 입력/출력 예 】

```
입력 예:    1 c 3

출력 예:    3 c 1
```

10. 두 개의 변수를 선언하고 정수를 입력받아 덧셈과 곱셈을하는 프로그램을 작성하시오.

【 입력/출력 예 】

```
입력 예:    4 8

출력 예:    4 + 8 = 12
            4 X 8 = 32
```

【 소스 2-10 】

```
#include <stdio.h>

int main(void) {
    int a, b, mul;
    scanf("%d %d", &a, &b);
    printf("%d + %d = %d", a, b, a+b);
    mul = a*b;
```

```
    printf("%d X %d = %d", a, b, mul);
    return 0;
}
```

printf("%d + %d = %d", a, b, a+b);

총 3개의 값을 출력한다. 첫 번째는 a의 값, 두 번째는 b의 값, 세 번째는 a+b의 결과를 출력한다.

mul = a*b;

앞서 변수는 중간에 값을 변경할 수 있다고 배웠다. 다음과 같이 변수의 계산 결과를 다른 변수에 대입하여 새로운 변수를 만들 수도 있다. 위의 경우 새로운 변수 mul을 만들어 a*b의 결과 값을 대입하였다. 이를 통해 a*b의 결과 값을 저장하고 있는 mul 변수를 사용할 수 있다.

printf("%d X %d = %d", a, b, mul);

첫 번째 인자에 변수 a, 두 번째 인자에 변수 b, 세 번째 인자에 변수 mul을 사용하여 값들을 출력한다.

혼자 해보기

다음과 같이 정수를 입력받아 결과를 출력하는 프로그램을 작성하시오.

【 입력/출력 예 】

```
입력 예:    국어 성적을 입력하세요 : 90
            영어 성적을 입력하세요 : 80
            수학 성적을 입력하세요 : 100

출력 예:    총점은 : 270, 평균은 : 90
```

---

11. 실수 x, y를 입력받아 화면에 다음과 같이 출력하는 프로그램을 작성하시오.

【 입력/출력 예 】

```
입력 예:    1.238 13.342

출력 예:    소수점 3자리까지 출력
```

```
x = 1.238
y = 13.342
소수점 2자리까지 출력
x = 1.24
y = 13.34
```

【 소스 2-11 】

```
#include <stdio.h>

int main(void) {
    double a, b;                              //실수를 저장하기 위한 double형 변수
    scanf("%lf %lf", &a, &b);                 //실수형 변수 a, b 입력받음
    printf("소수점 3자리까지 출력\n");
    printf("x = %.3f\ny = %.3f\n", a, b); //소수점 이하 3자리까지 출력
    printf("소수점 2자리까지 출력\n");
    printf("x = %.2f\ny = %.2f\n", a, b); //소수점 이하 2자리까지 출력
    return 0;
}
```

scanf("%lf %lf", &a, &b);

printf( )의 경우 실수형을 출력할 때 "%f"를 사용했지만 scanf( )의 경우 실수형을 입력받을 때에는 다음과 같이 "%lf"를 사용한다. 실수형 숫자 2개를 각각 변수 a와 b에 저장한다.

printf("x = %.3f\ny = %.3f\n", a, b);

"%.3f"는 서식 지정자를 사용하여 소수점 3자리까지 출력한다. 그러므로 변수 a는 입력한 값 그대로인 1.238, 변수 b도 입력한 값 그대로인 13.342가 출력된다.

printf("x = %.2f\ny = %.2f\n", a, b);

"%.2f"는 서식 지정자를 사용하여 소수점 2자리까지 출력한다. 그러므로 변수 a는 1.24, 변수 b는 13.34가 출력된다.

혼자 해보기

다음과 같이 실수를 입력받아 출력하는 프로그램을 작성하시오.

【 입력/출력 예 】

```
입력 예:   1.444444
           2.33333333

출력 예:   소수점 4자리까지 출력
           x = 1.4444
           y = 2.3333
           소수점 아래 자리 표시 X
           x = 1
           y = 2
```

12. 두 개의 정수를 입력받아 화면에 다음과 같이 출력하는 프로그램을 작성하시오.

【 입력/출력 예 】

```
입력 예:   1 30

출력 예:   0001  00030
           0010  00300
           0100  03000
           1000  30000
```

【 소스 2-12 】

```
#include <stdio.h>

int main(void) {
    int a, b;
    scanf("%d %d", &a, &b);
    printf("%04d  %05d\n", a, b);
    printf("%04d  %05d\n", a*10, b*10);
    printf("%04d  %05d\n", a*100, b*100);
    printf("%04d  %05d\n", a*1000, b*1000);
    return 0;
}
```

서식 지정자는 소수점 이외에도 정수의 자릿수도 지정할 수 있다. "%2d"의 경우 숫자를 포함한 총 2자리를 만들고 일의 자리부터 숫자를 채워 출력한다.

```
printf("%04d  %05d\n", a, b);
```

"%04d"는 아래와 같이 정수를 포함한 4자리의 자릿수를 만들고 일의 자리부터 숫자를 채워 출력한다.

printf( ) 함수 모두를 출력하면 변수 a와 b는 아래와 같이 자리가 지정되며 숫자들이 출력된다.

			1
		1	0
	1	0	0
1	0	0	0

			3	0
		3	0	0
	3	0	0	0
3	0	0	0	0

혼자 해보기

다음과 같이 키와 몸무게를 입력받아 출력하는 프로그램을 작성하시오. 각 값들은 반올림하여 소수 첫째 자리까지 출력하시오.

【 입력/출력 예 】

```
입력 예:   171.334
           69.78

출력 예:   키 : 171.3
           몸무게 : 69.8
```

확인학습

01. 키와 몸무게를 cm, kg 단위로 입력받고, 입력받은 값들을 각각 인치(in), 파운드(lb)로 변환 후 출력하시오. (반올림하여 소수점 둘째 자리까지 출력)

입력 예	171 69
출력 예	cm -> in : 67.32 kg -> lb : 152.15

02. 현재의 원-달러 환율을 검색하고, 10,000원을 달러로 환전한 경우의 값을 출력하시오. (반올림하여 소수점 둘째 자리까지 출력)

출력 예	10,000원은 8.58 달러입니다.

03. A ~ Z 사이의 임의의 문자를 사용자로부터 입력받고, 입력받은 문자를 정수형 서식 지정자 "%d", 문자형 서식 지정자 "%c"를 사용하여 각각 출력 후 결과를 확인하시오.

입력 예	K
출력 예	75 K

04. 실수형 변수를 선언한 후 값을 1.77896으로 초기화하고, 소수점 둘째, 셋째, 넷째 자리까지 출력 후 결과를 확인하시오.

출력 예	둘째 자리 : 1.78 셋째 자리 : 1.779 넷째 자리 : 1.7790

05. 사용자로부터 20 ~ 30 사이의 임의의 정수값을 입력받은 뒤, 해당 값을 서식 지정자 "%o", "%x"를 사용하여 각각 출력하시오.

입력 예	26
출력 예	32 1a

06. 사용자로부터 A ~ P 사이의 문자를 입력받아 문자형 변수 ch에 저장하고, ch에 정수 값 10을 더한 결과를 서식 지정자 "%c"로 출력하여 결과를 확인하시오.

입력 예	D
출력 예	N

CHAPTER

03

연산자

미리보기

3장에서는 C언어의 기본 연산자를 학습한다. 덧셈, 뺄셈, 곱셈, 나눗셈 등을 비롯한 C언어에서 사용할 수 있는 다양한 연산자의 종류를 알아보고, 프로그램에서 연산을 수행하기 위한 방법을 학습한다.

01. 두 개의 정수를 입력받아 다음과 같이 출력하는 프로그램을 작성하시오.

【 입력/출력 예 】

```
입력 예:    8 4

출력 예:    8 + 4 = 12
            8 - 4 = 4
            8 * 4 = 32
            8 / 4 = 2
```

【 소스 3-1 】

```c
#include <stdio.h>

int main(void) {
    int a, b;                                   //변수 a, b 선언
    scanf("%d %d", &a, &b);                     //a, b 입력받음
    //a, b의 연산 후에 결과 출력
    printf("%d + %d = %d\n", a, b, a + b);      //입력받은 a, b의 더한 값 출력
    printf("%d - %d = %d\n", a, b, a - b);      //입력받은 a, b의 뺀 값 출력
    printf("%d * %d = %d\n", a, b, a * b);      //입력받은 a, b의 곱한 값 출력
    printf("%d / %d = %d\n", a, b, a / b);      //입력받은 a, b의 나눈 값 출력
    return 0;
}
```

printf("%d + %d = %d\n", a, b, a + b);

첫 번째 '%d'에는 변수 a, 두 번째에는 변수 b, 세 번째에는 a+b의 결과가 출력된다. 이와 같이 계산식으로 나타내고 결과 값으로 돌려주는 연산자를 산술 연산자라고 부른다. 산술 연산자의 종류는 아래와 같다.

연산자	기능	예제
+	더하기	A+B(A=10, B=3이면 A+B는 13)
-	빼기	A-B(A=10, B=3이면 A-B는 7)
*	곱하기	A*B(A=10, B=3이면 A*B는 30)
/	나누기	A/B(A=10, B=3이면 A/B는 3)
%	모듈러, 나머지를 구함	A%B(A=10, B=3이면 A%B는 1)
++	1 증가	A++(A=10이면 A는 11)
--	1 감소	A--(A=10이면 A는 9)

연산자의 경우 정수형, 실수형에 상관없이 모든 숫자의 연산이 가능하다. 단 아래와 같은 조건은 주의하는게 좋다.

- 기본적으로 정수와 실수가 혼합된 연산은 실수의 연산으로 처리된다. 단, 아래의 경우는 제외한다.
- 산술 연산의 결과는 대입되는 변수의 자료형에 따라 자료형의 종류가 달라진다.
- 예) 변수 a와 b가 모두 실수이고 c가 정수일 때 c=a+b 의 결과는 정수 형태로 c에 대입된다.
- 정수 연산에서 '/'의 연산은 소수 이하를 모두 버린 결과 값을 반환한다.
- '/'와 '%'의 연산에서 제수가 0이 되는 경우에는 실행 중 에러가 발생한다. 제수라는 것은 0으로 나눈 것을 의미한다.

혼자 해보기

다음과 같이 길이 세 개의 정수를 입력받아 출력하는 프로그램을 작성하시오.

【 입력/출력 예 】

```
입력 예:    6 3 2

출력 예:    6 + 3 + 2 = 11
            6 - 3 - 2 = 1
            6 * 3 * 2 = 36
            6 / 3 / 2 = 1
            6 % 3 = 0
```

02. 4개의 수를 입력받아 출력하는 프로그램을 작성하시오.

【 입력/출력 예 】

```
입력 예:    8 4 2 6

출력 예:    8 + 4 = 12
            8 - 4 = 4
            10 2 4 3
            10 2 12 0
```

【 소스 3-2-1 】

```
#include <stdio.h>

int main(void) {
    //4개의 변수를 입력받기 위한 정수형 변수 선언
    int a, b, c, d;
    int sum, minus;
    scanf("%d %d %d %d", &a, &b, &c, &d);
    sum = a + b;
    minus = a - b;
    printf("%d + %d = %d \n", a, b, sum);
    printf("%d - %d = %d \n", a, b, minus);
    //각 변수의 산술 연산을 진행한 후 결과를 저장
    a = a + 2;
    b = b - 2;
    c = c * 2;
    d = d / 2;
    //a: 10, b: 2, c: 4, d: 3으로 각 변수의 값 변경
    printf("%d %d %d %d \n", a, b, c, d);
    printf("%d %d ", a++, b--);
    printf("%d %d\n", ++a, --b);

    return 0;
}
```

대입 연산자

'sum = a + b;'는 a + b의 결과를 변수 sum에 대입한다. 이와 같이 계산식, 값 등을 변수에 대입하는 것을 대입 연산자라고 한다. '='를 기준으로 왼쪽 변수에 오른쪽의 계산식, 값을 대입한다. 왼쪽에는 오직 하나의 변수만 올 수 있으며 수식이나 상수 등은 올 수 없다.

a = a + 2;

기존의 변수 a의 값과 2를 더한 결과를 다시 a에 저장하라는 의미이다. 결과적으로 변수 a의 값을 2 증가시키는 과정이 된다. 위에서 입력받은 변수 a는 8이기 때문에 'a = a + 2'의 과정을 거치면 변수 a는 10이 된다.

printf("%d %d %d %d \n",a, b, c, d);

첫 번째 인자에는 변수 a의 값 10, 두 번째 인자에는 변수 b의 값 2, 세 번째 인자에는 변수 c의 값 4, 네 번째 인자에는 변수 d의 값 3이 출력된다.

```
printf("%d %d %d %d \n",a++, b--, ++a, --b);
```

'a++'과 '++a'는 모두 a의 값을 증가시킨다. 즉 'a = a+1'과 같은 결과 값을 만들어낸다. 하지만 여기서 'a++'과 '++a'의 증감 순서에 차이가 있다는 것을 주의하자. 'a++'의 경우 a의 값을 먼저 출력한 후 a의 값을 1 증가시킨다. '++a'의 경우 a의 값을 먼저 증가시키고 그 결과를 출력한다.

현재 a와 b의 값은 10과 2이다. 첫 번째 인자 'a++'는 a의 값 10을 출력하고 a의 값을 1 증가시켜 11로 변경한다. 두 번째 인자 'b--'는 b의 값 2를 출력하고 b의 값을 1 감소시켜 1로 변경한다. 세 번째 인자 '++a'는 a의 값을 먼저 1 증가시켜 a의 값을 12로 변경하고 변경된 값을 출력한다. 네 번째 인자 '--b'는 b의 값을 먼저 1 감소시켜 0으로 변경한 후 출력한다. 최종적으로 결과 값은 10 2 12 0이 출력 된다.

'a++'과 같이 어떤 값의 증가/감소 연산을 수행하는 것을 증감 연산자라고 부른다. 증감 연산자는 아래와 같이 4종류로 설명할 수 있다.

연산자	이름	설명
++식	전치 증가 연산자	단항 연산자, += 1과 동일하게 작동 먼저 피연산자의 값을 1 증가시키고 작업을 진행
--식	전치 감소 연산자	단항 연산자, -= 1과 동일하게 작동 먼저 피연산자의 값을 1 감소시키고 작업을 진행
식++	후치 증가 연산자	먼저 피연산자의 값을 이용해 작업을 진행한 후 값을 1 증가시킴
식--	후치 감소 연산자	먼저 피연산자의 값을 이용해 작업을 진행한 후 값을 1 감소시킴

전치와 후치 증가 연산자의 예

```
a = 1;
printf("%d", ++a); // a의 값을 1 증가한 결과 값 2를 출력함, a의 값은 2
printf("%d", a++); // a의 값 2를 먼저 출력한 후 a의 값 증가, a의 값은 3
```

최종 출력 결과

```
2
2

a의 최종 값 :3
```

【 소스 3-2-2 】

```
#include <stdio.h>

int main(void) {
    //4개의 변수를 입력받기 위한 정수형 변수 선언
    int a, b, c, d;
    int sum, minus;
    scanf("%d %d %d %d", &a, &b, &c, &d);
    sum = a + b;
    minus = a - b;
    printf("%d + %d = %d \n",a, b, sum);
    printf("%d - %d = %d \n",a, b, minus);
    //각 변수의 산술 연산을 진행한 후 결과를 저장
    a += 2;
    b -= 2;
    c *= 2;
    d /= 2;
    //a: 10, b: 2, c: 4, d: 3 으로 각 변수의 값 변경
    printf("%d %d %d %d \n",a, b, c, d);
    printf("%d %d %d %d \n",a++, b--, ++a, --b);
    return 0;
}
```

a += 2;

왼쪽 변수 a에 2를 더하여 다시 왼쪽 변수 a에 대입하라는 의미로 'a = a + 2'와 같은 표현이다. 이와 같이 대입 연산자와 산술 연산자를 함께 사용하는 연산자를 복합 대입 연산자라고 한다.

복합 대입 연산자	예제	의미
+=	a+=b	a = a + b
-=	a-=b	a = a - b
*=	a*=b	a = a * b
/=	a/=b	a = a / b
%=	a%=b	a = a % b

혼자 해보기

정수 변수 a와 b를 입력받아서 a는 전치 증가 연산자를 사용하고, b는 후치 감소 연산자를 사용하여 두 수의 합을 c에 저장한 후 각각을 출력하는 프로그램을 작성하시오.

【 입력/출력 예 】

```
입력 예:    8 4
출력 예:    a = 9, b = 3, c = 13
```

03. 3개의 정수 a, b, c를 입력받아서 a와 b, b와 c를 각각 비교하여 같으면 1, 같지 않으면 0을 출력하고, 다음에는 같지 않으면 1, 같으면 0을 출력하는 프로그램을 작성하시오.

【 입력/출력 예 】

```
입력 예:    3 6 6
출력 예:    3 6 : 0
            6 6 : 1
            3 6 : 1
            6 6 : 0
```

【 소스 3-3 】

```c
#include <stdio.h>

int main(void) {
    //3개의 변수를 입력받기 위한 정수형 변수 선언
    int a, b, c;
    scanf("%d %d %d", &a, &b, &c);
    //참, 거짓을 판단하는 관계 연산자(비교 연산자)
    //조건이 맞으면 참(True), 틀리면 거짓(False) 반환
    //출력 참 : 1, 거짓 : 0
    printf("%d %d : %d \n", a, b, a == b);
    printf("%d %d : %d \n", b, c, b == c);
    printf("%d %d : %d \n", a, b, a != b);
    printf("%d %d : %d \n", b, c, b != c);

    return 0;
}
```

```
printf("%d %d : %d \n",a, b, a == b);
```

'a == b'는 a와 b를 비교하여 같으면 참(True) 또는 1, 다르면 거짓(False) 또는 0을 반환한다. C언어는 기본적으로 참이면 1, 거짓이면 0을 반환한다. 이와 같이 변수 a와 b의 상관관계를 계산하는 것을 관계 연산자라고 한다. 관계 연산자의 결과는 항상 참 또는 거짓으로 반환된다.

참고 사항으로 C언어는 0 이외의 모든 수를 참으로 판단한다.

```
printf("%d %d : %d \n",a, b, a != b);
```

'a != b'는 a와 b가 다른가? 라는 의미이다. a와 b를 비교하여 다르면 참(1), 같으면 거짓(0)을 반환한다.

혼자 해보기

두 개의 정수를 입력받아서 두 정수의 값이 같으면 1, 같지 않으면 0을 출력하는 프로그램을 작성하시오.

【 입력/출력 예 】

```
입력 예:    9 6

출력 예:    0
```

---

04. 3개의 정수 a, b, c를 입력받아서 (1) a가 b보다 큰지, (2) b가 c보다 크거나 같은지, (3) a가 b보다 작거나 같은지, (4) b가 c보다 작은지를 비교하여 참이면 1, 거짓이면 0을 각각 출력하는 프로그램을 작성하시오.

【 입력/출력 예 】

```
입력 예:    3 7 7

출력 예:    0
            1
            1
            0
```

【 소스 3-4 】

```
#include <stdio.h>

int main(void) {
    int a, b, c;
    scanf("%d %d %d", &a, &b, &c);
    //관계 연산자 이용
    //참, 거짓을 판단하는 관계 연산자(비교 연산자)
    //조건이 맞으면 참(True), 틀리면 거짓(False) 반환
    //출력 참 : 1, 거짓 : 0
    printf("%d ", a > b);
    printf("%d ", b >= c);
    printf("%d ", a <= b);
    printf("%d ", b < c);
    return 0;
}
```

printf("%d ", a > b);

'a > b'는 a가 b보다 큰가? 라는 의미이며 a가 b보다 크다면 참(1), 작다면 거짓(0)을 반환한다. 변수 a는 3, 변수 b는 7이므로 a가 b보다 작기 때문에 결과는 0이 출력된다.

관계 연산자

관계 연산자(비교 연산자)는 변수의 값 등을 비교하여 참과 거짓을 판단하는 연산자이다. 어떤 조건이 만족하면 참(True) 또는 1, 조건에 만족하지 않으면 거짓(False) 또는 0의 값을 갖게 된다.

연산자	설명
==	같음
!=	같지 않음(다름)
>	큼
<	작음
>=	크거나 같음
<=	작거나 같음

혼자 해보기

두 개의 정수를 입력받아 다음과 같이 관계 연산자의 결과 값을 출력하시오.

【 입력/출력 예 】

```
입력 예:    7 3

출력 예:    7 == 3 : 0
            7 != 3 : 1
            7 > 3 : 1
            7 < 3 : 0
            7 >= 3 : 1
            7 <= 3 : 0
```

05. 두 개의 정수를 입력받아 AND, OR, NOT 연산을 수행하는 프로그램을 작성하시오.

【 입력/출력 예 】

```
입력 예:    1 0

출력 예:    AND : 0
            OR : 1
            NOT : 1
```

【 소스 3-5 】

```c
#include <stdio.h>

int main(void) {
   int a, b;                    // 변수 a, b 선언

   scanf("%d %d", &a, &b);      // a, b 입력

   printf("AND : %d\n", a&&b);  // AND 관계 연산
   printf("OR : %d\n", a||b);   // OR 관계 연산
   printf("NOT : %d\n", !b);    // NOT 관계 연산
   return 0;
}
```

```
printf("AND : %d\n", a&&b);
```

앞서 참(True)은 1, 거짓(False)는 0이라 배웠다. C언어에는 이런 참/거짓을 이용하여 논리적인 계산을 할 수 있는 연산자도 존재한다. 'a&&b'는 a AND b(a와 b의 논리곱)의 연산을 하라는 의미로, 변수 a는 1(참), 변수 b는 0(거짓)이므로 결과는 0이 출력된다.

논리 연산자

위와 같이 두 개 이상의 조건을 조합하여 논리적인 결과를 얻을 수 있는 연산을 논리 연산자라고 한다.

논리 연산자	이름	논리 표현	대상 피연산자
&&	논리곱 연산자(AND)	둘 다 참이면 참 둘 중 하나가 거짓이면 거짓	2개
||	논리합 연산자(OR)	둘 다 참이면 참 둘 중 하나가 거짓이여도 참 둘 다 거짓이면 거짓	2개
!	논리부정 연산자(NOT)	거짓을 참으로 참을 거짓으로	1개

```
printf("OR : %d\n", a||b);
```

변수 a와 b 중 a가 참이기 때문에 결과 값은 참(1)이 된다.

```
printf("NOT : %d\n", !b);
```

변수 b는 거짓(0)이기 때문에 결과 값은 그 반대인 참(1)이 된다.

혼자 해보기

아래와 같이 두 개의 값을 입력받아 논리 연산 결과를 출력하시오.

【 입력/출력 예 】

```
입력 예:    2 0

출력 예:    2 && 0 : 0
            2 || 0 : 1
            !2 : 0
```

06. 3개의 정수 a, b, c를 입력 받고 아래 출력 결과와 같은 다양한 논리 연산 결과를 출력하는 프로그램을 작성하시오.

【 입력/출력 예 】

```
입력 예:    1 0 1

출력 예:    복합 논리연산 하는 소스코드
            (1 < 0) && (0 < 1)  : 0
            (1 < 0) || (0 < 1)  : 1
            (1 || !1) : 1
```

【 소스 3-6 】

```
#include <stdio.h>

int main(void) {
   int a, b, c;
   int result1, result2, result3;
   scanf("%d %d %d" , &a, &b, &c);
   result1 = (a < b) && (b < c);
   result2 = (a < b) || (b < c);
   result3 = (a || !c);
   //복합 논리 연산자 사용
   printf("(%d < %d) && (%d < %d)  : %d\n", a, b, b, c, result1);
   printf("(%d < %d) || (%d < %d)  : %d\n", a, b, b, c, result2);
   printf("(%d || !%d) : %d\n", a, c, result3);

   return 0;
}
```

result1 = (a < b) && (b < c);

논리 연산자는 변수뿐만 아니라 모든 식(상수, 수식 등)이 사용될 수 있다. (a < b)는 거짓이고 (b < c)는 참이다. AND 연산은 두 개 모두 참이어야 참이고 둘 중 하나라도 거짓이면 거짓이 된다. 그러므로 거짓(False) && 참(True)의 논리 연산 결과는 거짓이 된다.

result2 = (a < b) || (b < c);

위와 같이 (a < b)는 거짓 (b < c)는 참이다. OR 연산은 둘 중 하나라도 참이면 참이 된다. 그러므로 거짓(False) || 참(True)의 논리 연산은 참이 된다.

```
result3 = (a || !c);
```

우선 a의 값은 1이므로 참이고 c의 값도 1이기 때문에 참이다. !은 NOT 연산이므로 !c는 거짓이 된다. 최종적으로 (a || !c)는 참(True) || 거짓(False)이기 때문에 논리 연산 결과는 참이 된다.

혼자 해보기

3개의 정수 a, b, c를 입력받고 아래 출력 결과와 같은 다양한 복합 논리 연산 결과를 출력하는 프로그램을 작성하시오.

【 입력/출력 예 】

```
입력 예:   1 0 1

출력 예:   (1 < 0)  && (0 < 1)   : 0
           (1 == 0) && (0 == 1)  : 0
           (1 < 0)  || (0 < 1)   : 1
           (1 == 0) || (0 == 1)  : 0
```

확인학습

01. 표준 입력으로 밑변과 높이의 길이를 입력받아 직각삼각형의 면적을 구하는 프로그램을 작성하시오.

02. 국어, 수학, 사회, 과학 4개의 점수를 입력받고 연산자를 사용해 총점과 평균을 구한 후 출력하는 프로그램을 작성하시오.

03. 데이터의 크기인 비트(bit)를 입력받아 바이트(byte)로 변환하여 소수점 3째 자리까지 출력하는 프로그램을 작성하시오. (1바이트 = 8비트)

04. 초(second)를 입력받아 시간, 분, 초 단위로 나눠서 출력하는 프로그램을 작성하시오.

05. 다음 표에 AND, OR 연산을 수행하여 [1]~[4] 결과 값을 채우시오.

A	B	결과값
0	0	[1]
0	1	[2]
1	0	[3]
1	1	[4]

CHAPTER

04

주석문과 디버깅

미리보기

4장에서는 프로그래밍 과정에서 발생할 수 있는 문제를 해결하기 위한 방법과 프로그램 내에서 프로그램에 대한 설명을 추가하는 주석에 대하여 학습한다. 프로그램 작성자 또는 프로그램을 볼 수 있는 다른 사람을 위해 프로그램의 내용을 설명하는 주석 표시 방법을 알아본다. 프로그램 실행 시에 원하는 결과가 나오지 않을 경우, 문제가 발생하는 코드의 위치를 정확하게 파악하기 위해 브레이크 포인트(중지점)를 설정하고 디버깅 하는 방법을 학습한다.

01. 사각형의 가로, 세로의 값을 입력받아 사각형의 넓이를 구하는 프로그램을 작성하고 설명을 주석으로 표시하시오.

【 입력/출력 예 】

입력 예: 3 4

출력 예: 가로 : 3, 세로 : 4, 넓이 : 12

【 소스 4-1-1 】

```
#include <stdio.h>
//사각형의 가로, 세로의 값을 입력받아 사각형의 넓이를 구하는 프로그램
// '//'를 시작으로 그 줄의 내용을 주석으로 표시한다.
int main(void) {
    int width, height;                    //가로, 세로 값을 위한 변수 선언
    int result;                           //넓이의 결과 값을 위한 result 변수 선언

    scanf("%d %d" , &width, &height);     //가로, 세로 값 입력

    result = width * height;              // 넓이를 구한다.

    //가로, 세로, 넓이의 값을 출력한다.
    printf("가로 : %d, 세로 : %d, 넓이 : %d\n", width, height, result);

    return 0;
}
```

주석은 실제 프로그램의 실행과는 전혀 상관이 없는 문자열로 주로 소스코드의 의미 등을 알아보기 쉽도록 표시하는 것이다. 주석의 종류에는 한 줄 주석과 여러 줄 주석이 있다.

// 주석 내용

한 줄만 주석처리할 때 사용하는 방법이다. //를 시작으로 그 줄의 모든 내용을 주석으로 표시하며 프로그램의 실행과는 무관하다.

【 소스 4-1-2 】

```
#include <stdio.h>
/*사각형의 가로, 세로의 값을 입력받아 사각형의 넓이를 구하는 프로그램
   '//'는 '//'를 시작으로 그 줄의 내용을 주석으로 표시한다.
*/
int main(void) {
    int width, height;                  /*가로, 세로 값을 위한 변수 선언*/
    int result;                         /*넓이의 결과 값을 위한 result 변수 선언*/

    scanf("%d %d" , &width, &height);   /*가로, 세로 값 입력*/

    result = width * height;            /*넓이를 구한다*/

    /*가로, 세로, 넓이의 값을 출력한다.*/
    printf("가로 : %d, 세로 : %d, 넓이 : %d\n", width, height, result);
    //printf("사각형의 넓이는 %d입니다.\n", result);
    return 0;
}
```

/* 주석 내용 */

주석의 시작 부분('/*')부터 주석의 끝 부분('*/') 까지의 모든 문자를 주석으로 처리한다. 이 주석문은 '/*'로 시작하는 순간 '*/'가 나올 때까지 모든 문자를 주석으로 인식하고 프로그램에 포함하지 않는다. 보통은 긴 설명이 필요하거나 여러 줄의 코드를 프로그램에 포함하고 싶지 않을 때 이 주석을 사용한다.

//printf("사각형의 넓이는 %d입니다.\n", result);

주석은 위와 같이 프로그램의 설명 이외에도 테스트의 용도나 임시의 용도로 코드를 실행하고 싶지 않을 때 사용하기도 한다.

혼자 해보기

아래 코드를 실행하여 결과를 확인하고, 평균값 외 다른 출력문이 출력되는 것을 막기 위해 //를 사용하여 특정 코드를 주석처리하시오.

【 소스코드 】

```
#include <stdio.h>

int main(void) {
      int n, m, l;
      scanf("%d", &n);
      printf("%d\n", n);
      scanf("%d", &m);
      printf("%d\n", m);
      scanf("%d", &l);
      printf("%d\n", l);
      printf("평균 = %d\n", (n + m + l) / 3);
}
```

02. 설명에 따라 아래 코드에 대한 디버깅을 진행하시오.

【 소스 4-2 】

```
#include <stdio.h>

int main(void) {
    int a = 5, b = 8;

    a = a + 2;
    b = b - 4;

    a = 22;
    b = b * b;
    return 0;
}
```

01. 변수 값을 확인하고 싶은 라인의 숫자 좌측을 클릭한다.

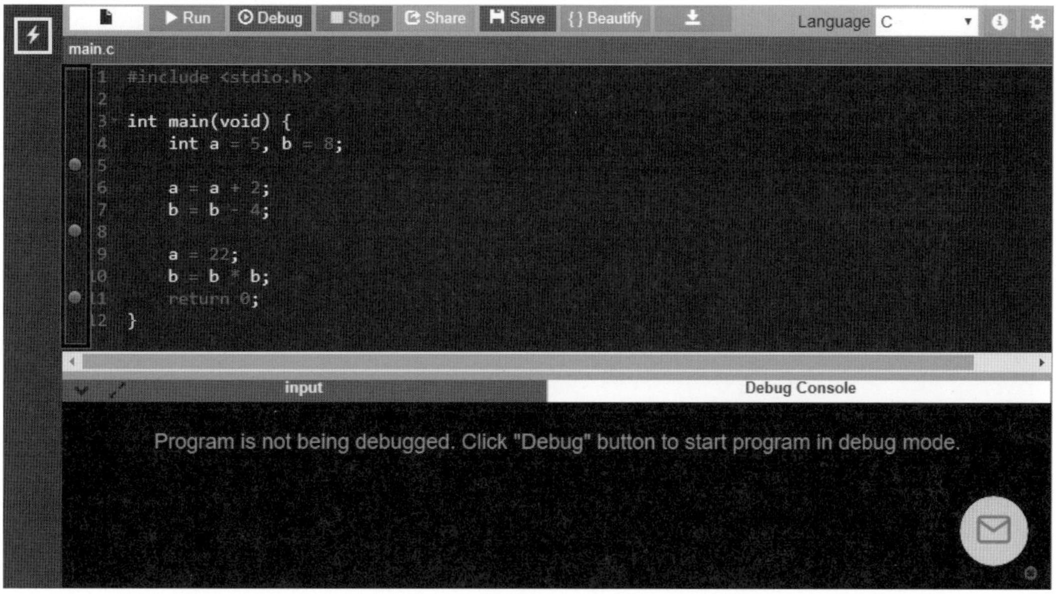

02. 상단의 Debug 버튼을 클릭하여 디버그 모드로 진입한다.

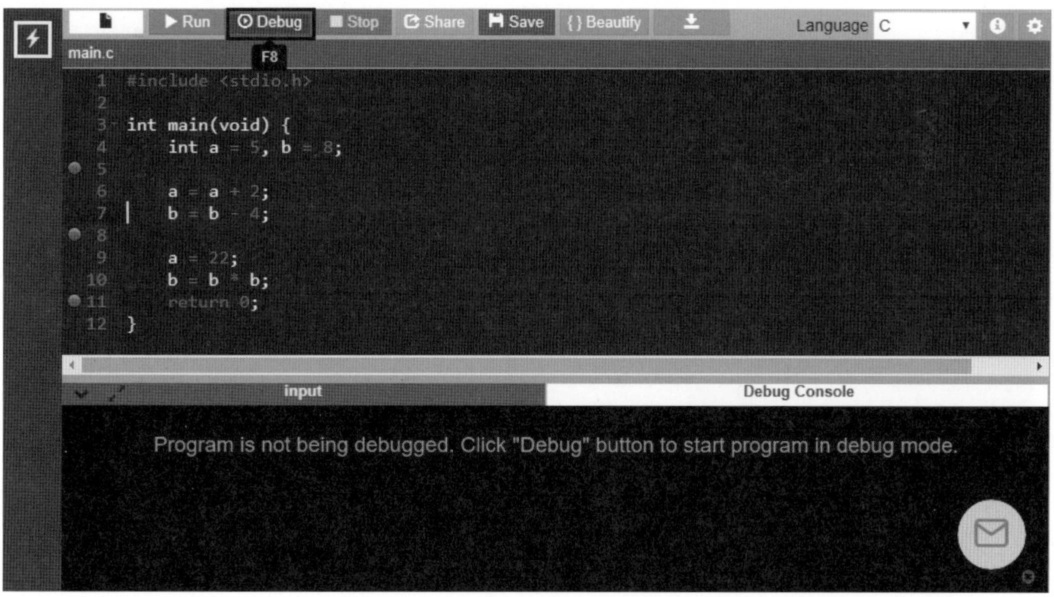

03. 하단의 start 버튼을 클릭하여 디버깅을 시작한다.

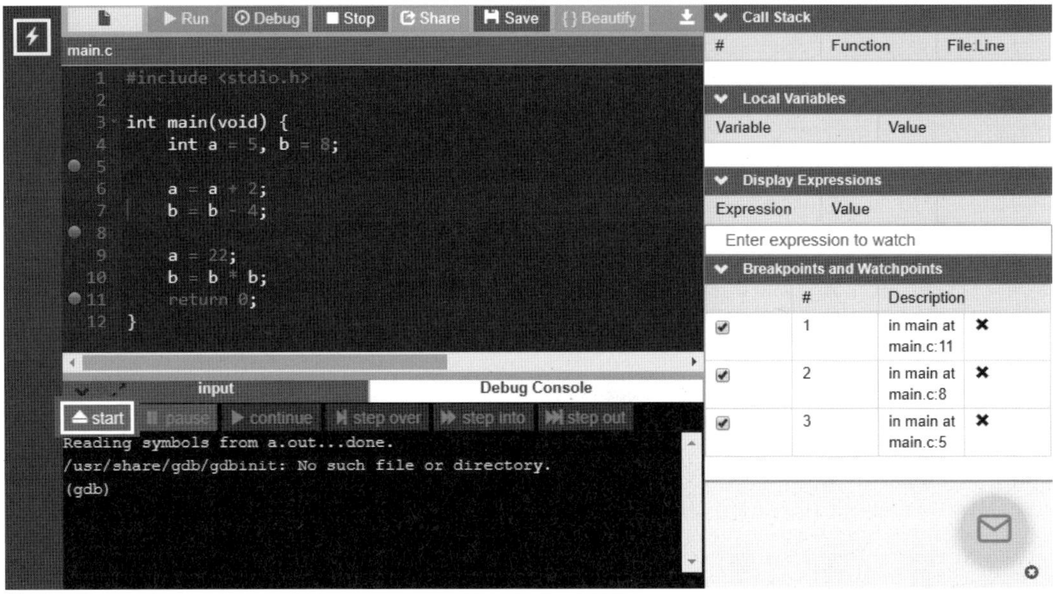

04. 우측 윈도우를 통해 해당 라인에서 각 변수가 가지는 값을 확인할 수 있다.

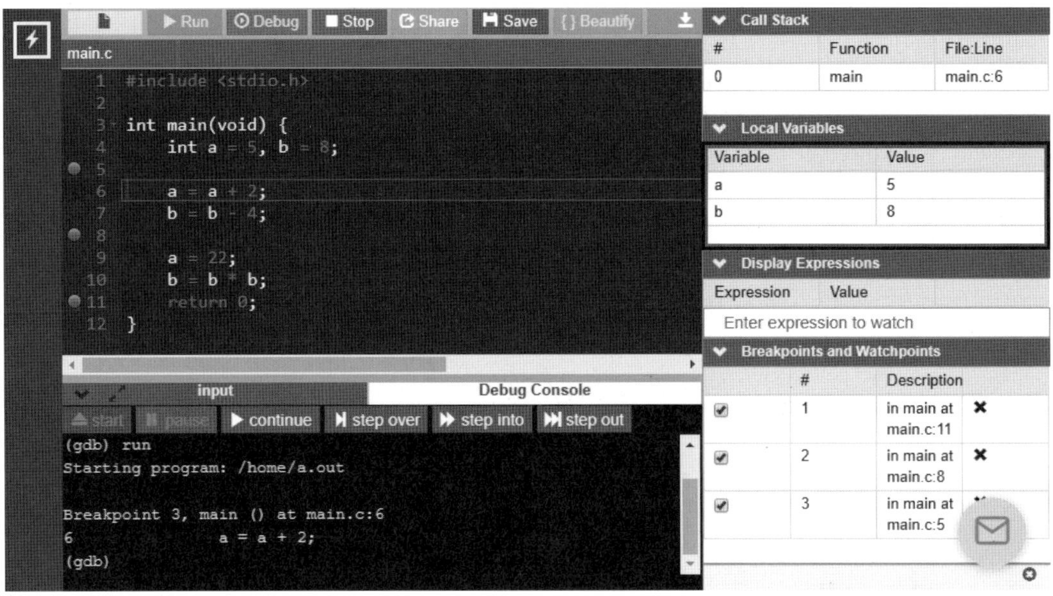

05. continue 버튼은 현재 위치를 다음 중지점으로, step over는 다음 라인으로 이동한다.

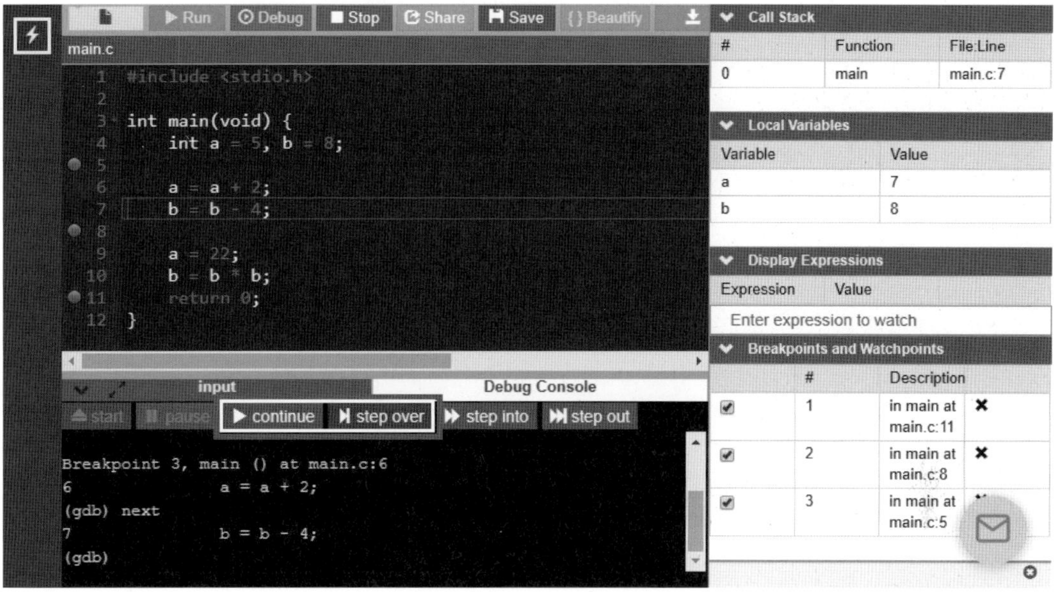

위 과정을 통해 코드의 5번째, 8번째, 11번째 라인에서 변수 a, b에 저장되어 있는 값 변화를 확인할 수 있다.

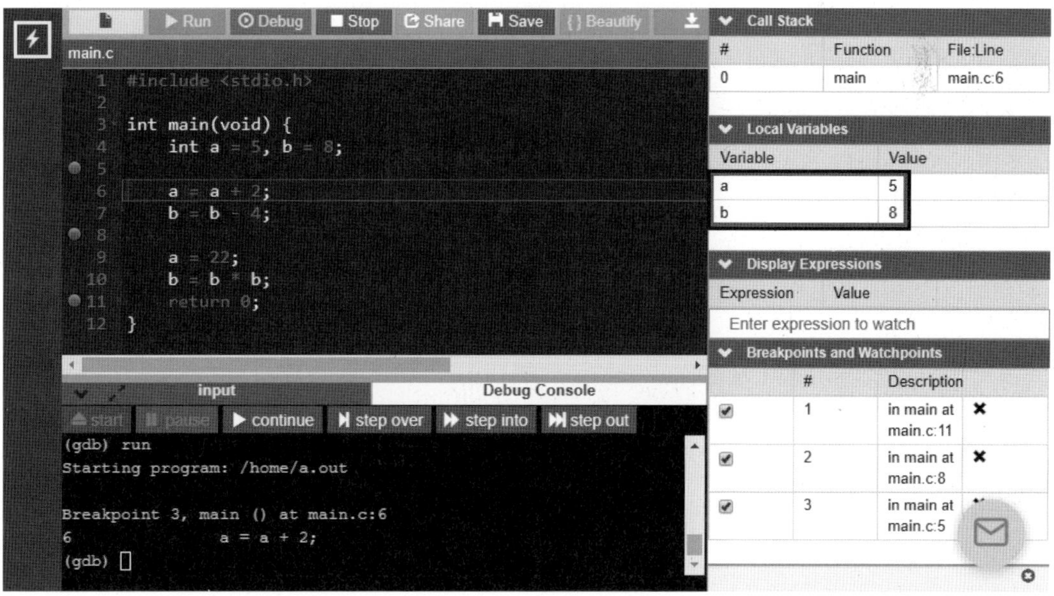

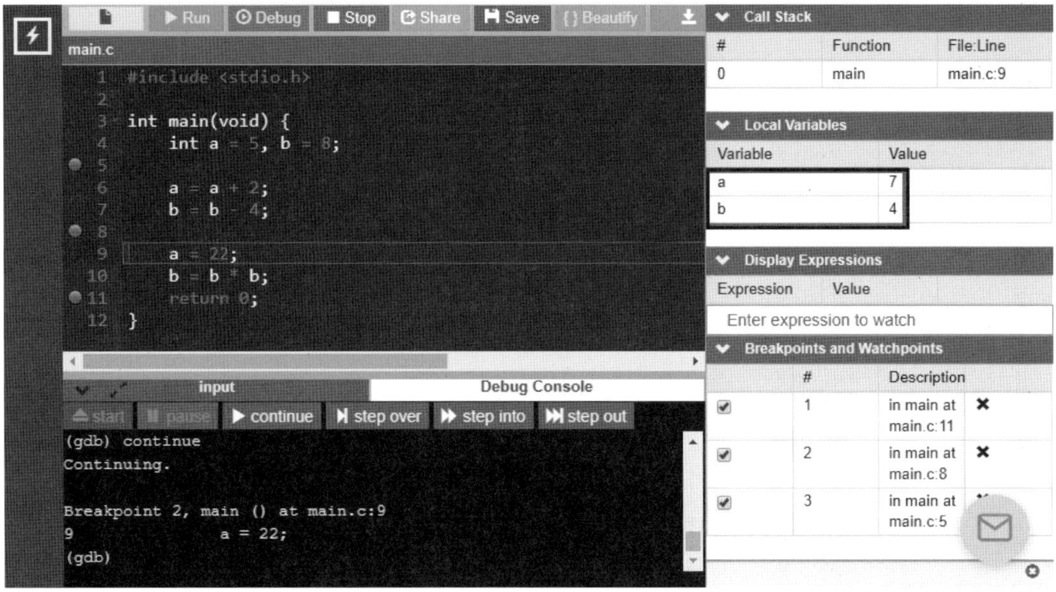

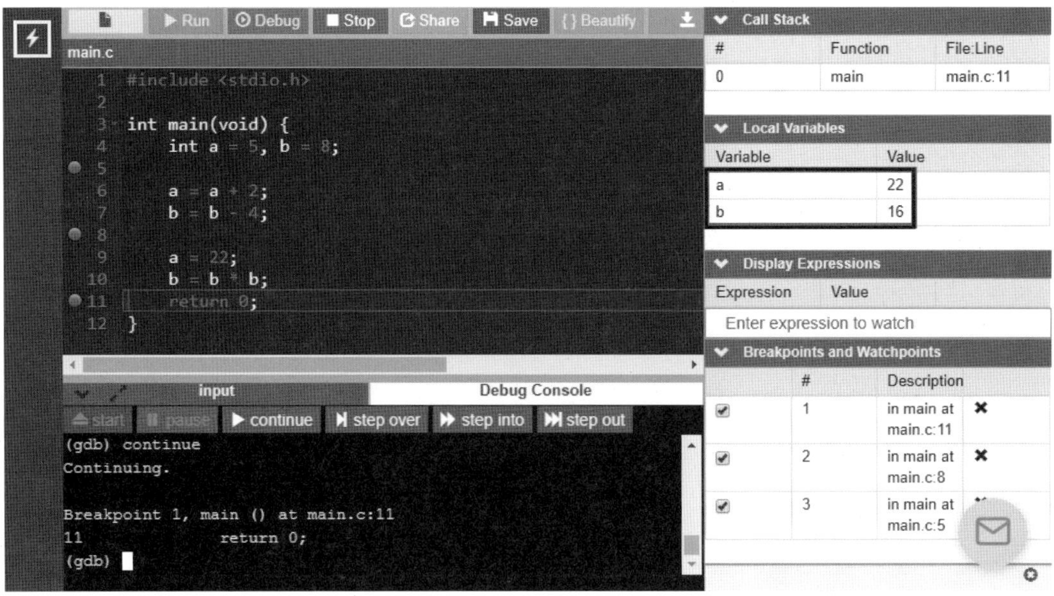

확인학습

01. 아래 프로그램의 각 라인별 코드에 대해 주석을 작성하고, 출력문의 결과를 예상하시오.

```
#include <stdio.h>

int main(void) {
   int n, m, l;
   n = 5;
   m = 2;
   l = n < m;
   m = m * l;
   l = 1;
   l = l < n;
   printf("%d", l);
}
```

02. 아래의 프로그램을 작성하고 디버깅을 하면서 디버깅 창의 화살표가 ①의 위치에 있을 때 num의 값이 얼마인지 출력하시오.

```
#include <stdio.h>

int main(void) {
   int num, result;
   scanf("%d",&num);
   num++;
   result = num++; // ------------------------ ①
   printf("%d\n",1); // 1을 ①위치의 num 값으로 수정한다.
   return 0;
}
```

03. 아래 프로그램에서 n의 값은 매번 무작위로 변화한다. 디버그 모드에 진입하여 각 라인별 n에 저장되는 값을 확인하시오.

```
#include <stdio.h>
#include <stdlib.h>
#include <time.h>

int main(void) {
    srand(time(NULL));

    int n;
    n = rand(); // - 1
    n = rand(); // - 2
    n = rand(); // - 3
    n = rand(); // - 4
    n = rand(); // - 5
    return 0;
}
```

CHAPTER

05

조건문

미리보기

5장에서는 프로그램 실행의 흐름을 선택적으로 제어할 수 있는 조건문에 대하여 학습한다. 주어진 조건이 참인지 거짓인지를 판단하여 참인 경우와 거짓인 경우에 각각 수행해야 하는 프로그램을 달리하여 다양한 프로그램 결과를 만들어내는 방법에 대하여 살펴본다.

01. 한 개의 정수를 입력받은 후, 입력받은 수를 출력하고 그 수가 30보다 크면 다음 줄에 "30보다 큰 수를 입력하셨습니다."라는 메시지를 출력하는 프로그램을 작성하시오.

【 입력/출력 예 】

입력 예: 40

출력 예: 30보다 큰 수를 입력하셨습니다.

【 소스 5-1 】

```
#include <stdio.h>

int main(void) {
    int a;              //정수형 변수 a 선언
    scanf("%d", &a);    //a 입력받음
    //a가 30보다 크면 printf문 실행
    if (a > 30) {
            printf("30보다 큰 수를 입력하셨습니다.\n");
    }
    return 0;
}
```

if (a>30) { ... }

if( )는 조건문이라고 하며 ( ) 안은 조건식, {} 안은 실행문이라고 한다. ( ) 안의 조건을 만족하면 {} 안의 문장을 실행하고, 거짓이면 실행하지 않고 다음 라인으로 이동하게 된다. 위 예제의 경우 변수 a는 40이기 때문에 30보다 크므로 {} 안의 printf( )문을 실행하고 조건문을 빠져나온다.

if( )의 실행문이 1줄일 때에는 {}를 생략해도 된다. 하지만 소스코드의 혼동을 줄이기 위해 그대로 써주는 것이 더 좋다.

혼자 해보기

2개의 정수를 입력받아 두 정수의 값이 같으면 아래와 같이 출력하는 프로그램을 작성하시오.

【 입력/출력 예 】

입력 예: 2 2

출력 예: 2와 2는 같다.

02. 정수 2개를 입력받아 큰 수를 먼저 출력하고 작은 수를 뒤에 출력하는 프로그램을 작성하시오.

【 입력/출력 예 】

입력 예: 2 9

출력 예: 입력받은 수 중 큰 수는 9이고 작은 수는 2입니다.

【 소스 5-2-1 】

```
#include <stdio.h>

int main(void) {
    int a, b;                    //두 개의 정수를 입력받기 위한 변수 선언
    scanf("%d %d", &a, &b);      //a, b 입력받음
    //a가 b보다 클 때 실행
    if (a > b) {
            printf("입력받은 수 중 큰 수는 %d이고 작은 수는 %d입니다.\n", a, b);
    }
    //위의 조건에 해당하지 않을 시 실행
    else {
            //b와 a를 바꿔서 출력
            printf("입력받은 수 중 큰 수는 %d이고 작은 수는 %d입니다.\n", b, a);
    }
    return 0;
}
```

```
if (a>b) { ... }
else { ... }
```

if( )문의 ( ) 안의 내용이 참(True)이면 if( )의 { } 안의 내용을 실행하고, 거짓이면 else의 { } 안의 내용을 실행한다. if( )는 "만약 ( )이면" 이라는 뜻으로 해석하고 else는 "그렇지 않으면"이라는 뜻으로 전체 문장을 해석하면 된다.

위 프로그램의 입력 값에 따라 프로그램이 어떻게 실행되는지 설명하면,

입력 예: 2 9

출력 예: 입력받은 수 중 큰 수는 9이고 작은 수는 2입니다.

변수 a가 b보다 작기 때문에 if(a > b)의 ( )의 조건은 거짓이 된다. 그러므로 else의 {} 안의 내용이 실행된다. printf( )의 인자의 순서가 b와 a 순서로 출력되기 때문에 "입력받은 수 중 큰 수는 9이고 작은 수는 2입니다." 가 출력된다.

입력 예: 3 2

출력 예: 입력받은 수 중 큰 수는 3이고 작은 수는 2입니다.

변수 a가 b보다 크기 때문에 if(a > b)의 ( )의 조건은 참이 된다. 그러므로 if( )의 {} 안의 내용이 실행된다. printf( )의 인자의 순서는 a와 b 순서로 출력되기 때문에 "입력받은 수 중 큰 수는 3이고 작은 수는 2입니다." 가 출력된다.

【 소스 5-2-2 】

```
#include <stdio.h>
int main(void) {
    int a, b;                       //정수형 변수를 입력받기 위한 a, b 변수 선언
    int tmp = 0;                    //임시로 값을 저장하는 tmp 변수 선언
    scanf("%d %d", &a, &b);
    if (a < b) {
            //a, b 중 큰 수를 a에 저장하기 위한 조건문
            tmp = a;                //a값을 임시저장 변수인 tmp에 저장
            a = b;                  //b값을 a에 저장
            b = tmp;                //임시저장된 tmp값을 b에 저장
            printf("입력받은 수 중 큰 수는 %d이고 작은 수는 %d입니다.\n", a, b);
    }
    else
            printf("입력받은 수 중 큰 수는 %d이고 작은 수는 %d입니다.\n", a, b);
    return 0;
}
```

```
tmp = a;
a = b;
b = tmp;
```

소스 5-2-1에서는 변수의 크기에 따라 print( ) 인자의 출력 순서를 다르게 하여 큰 수를 먼저 출력하였다. 소스 5-2-2에서는 변수 a와 b를 비교하여 큰 수를 변수 a로 작은 수를 변수 b로 교환(swap)하는 작업을 수행한다. 교환 작업을 위해서는 새로운 변수 tmp가 필요하다.

보통 변수 a와 b의 값을 교환하기 위해

```
a = b;
b = a;
```

방법으로 하면 될 것이라고 쉽게 생각할 수 있는데 위와 같이 실행할 경우 a=b;에서 a의 값이 b의 값으로 대입되어 변경되기 때문에 a와 b의 값이 같아진다. 그러므로 b=a;를 수행하여도 무의미한 결과가 나오게 된다.

프로그래밍 언어에서 위와 같이 변수 사이의 값을 교환하기 위해서는 새로운 변수 1개(tmp)를 추가적으로 생성해야 한다. 우선 tmp = a;를 통해 a의 값을 tmp에 보관한 후 a = b;를 통해 변수 a에 b의 값을 대입한다. 그 후 b = tmp;를 통해 변수 tmp에 저장되어 있던 기존의 a 값을 b에 대입함으로써 a와 b의 값을 교환하게 된다.

소스	a	b	tmp
	2	9	
`tmp = a;`	2	9	2
`a = b;`	9	9	2
`b = tmp;`	9	2	2

혼자 해보기

입력받은 점수를 "합격, 불합격"으로 평가하는 프로그램을 작성하시오.(75점 이상인 경우 합격)

【 입력/출력 예 】

입력 예: 89
출력 예: 합격

입력 예: 30
출력 예: 불합격

03. 하나의 정수를 입력받고 양수인지, 음수인지, 0인지 판별하는 프로그램을 작성하시오

【 입력/출력 예 】

```
입력 예:    1
출력 예:    양수입니다.

입력 예:    0
출력 예:    0입니다.

입력 예:    -5
출력 예:    음수입니다.
```

【 소스 5-3 】

```
#include <stdio.h>
int main(void) {
    int a;                          //정수형 변수 a 선언
    scanf("%d", &a);                //a 입력받음
    //a가 0보다 클 때
    if (a > 0) {
            printf("양수입니다\n");
    }
    //또는 a가 0일 때
    else if(a==0)
            printf("0입니다\n");
    //a가 0보다 크거나 0이 아닐때, 즉 위의 조건문을 만족하지 않을 시 실행되는 부분
    else
            printf("음수입니다\n");
    return 0;
}
```

```
if (a>0) { ... }
else if (a==0) { ... }
else { ... }
```

우선 if(a>0)의 ( )조건이 참이면 if( )의 { } 안의 내용이 실행된 후 else if( )와 else를 무시하고 다음 줄을 실행한다. 첫 입력 예 1은 0보다 크므로 { } 안의 문장 "양수입니다."가 출력된다.

만약 if(a>0)의 ( )조건이 거짓이면 그다음 else if(a==0)의 ( )조건을 판단한다. ( )조건이 참이면 else if( )의 { } 안의 내용이 실행된 후 else를 무시하고 다음 줄을 실행한다. 두 번째 입력의 경우 0과 같으므로 else if( )의 { } 안의 문장 "0입니다."가 출력된다.

만약 else if(a==0)의 조건도 거짓이라면 그다음 else의 { }문을 실행하고 다음 줄을 실행한다. 마지막 입력 −5의 경우 if(a>0)과 else if(a==0)의 조건을 모두 만족하지 않으므로 else의 { } 문장인 "음수입니다."가 실행된다.

else if( )는 첫 번째 if( ) 안의 조건이 맞지 않으면 그 다음 순으로 조건을 확인할 때 사용한다. if( )와 else는 오직 1개만 나열할 수 있지만 else if( )는 계속하여 조건을 나열할 수 있다.

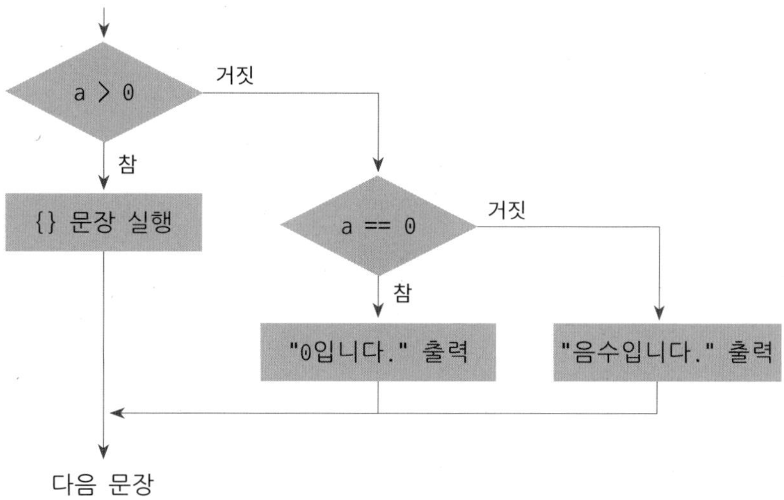

혼자 해보기

정수를 하나 입력받아 80이 넘으면 A, 50이 넘으면 B, 50보다 작으면 C를 출력하는 프로그램을 작성하시오.

【 입력/출력 예 】

입력 예:	88
출력 예:	A
입력 예:	45
출력 예:	C

04. 정수 3개를 입력받아 그 중 가장 큰 수를 출력하는 프로그램을 작성하시오.

【 입력/출력 예 】

입력 예:	3 1 4
출력 예:	입력받은 수 중 가장 큰 수는 4입니다.

【 소스 5-4 】

```
//1번 코드와 비슷한 알고리즘
//max라는 변수를 두어 마지막에 출력하는 형태
#include <stdio.h>

int main(void) {
   int a, b, c;                          //정수형 변수 a, b, c 선언
   int max = 0;                          //최댓값 저장을 위한 정수형 변수 max 선언

   scanf("%d %d %d", &a, &b, &c);
   if (a > b) {                          //a가 b보다 클 때만 실행하는 조건문
         if (a > c) {                    /*a가 c보다 클 때만 실행하는 조건문
                                         단, 바깥 조건문인 a>b를 만족해야함*/
               max = a;                  //최댓값을 저장하는 max변수에 a 저장
         }
         else
               max = c;                  //최댓값을 저장하는 max변수에 c 저장
   }
   else if (b > c) {                     /*b가 c보다 클 때만 실행하는 조건문
                                           단, 바깥조건문 a>b를 만족해야함*/
         max = b;                        //최댓값을 저장하는 max변수에 b 저장
   }
   else
         max = c;                        //최댓값을 저장하는 max변수에 c 저장

   printf("가장 큰 수는 %d입니다 \n",max);
   return 0;
}
```

조건문 안에 또 다른 조건문이 포함되는 경우 이를 다중 조건문이라고 한다. 조건문은 연속적으로, 다중으로 삽입할 수 있지만 무분별한 다중 삽입은 프로그램의 동작뿐 아니라 개발하는 입장에서도 해석이 쉽지 않을 수 있기 때문에 프로그램의 가독성을 위해서라도 지양하는 것이 좋다.

위 조건문의 흐름도는 아래와 같다.

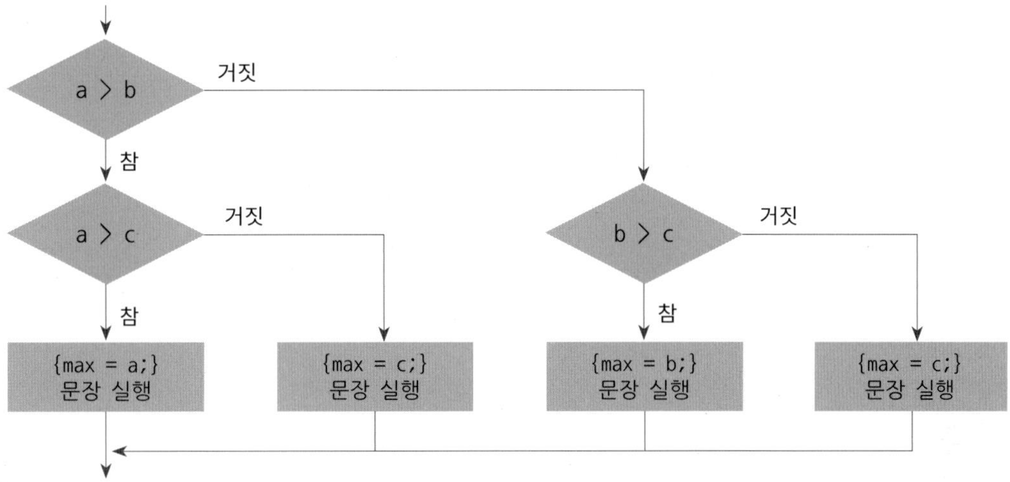

처음 if(a 〉 b) 조건에서 a는 b보다 크기 때문에 참이 되므로 if(a〉b)의 {} 문장이 실행된다. 이 문장안에는 또다른 if(a 〉 c) 조건문이 있다. 변수 a는 c보다 작기 때문에 거짓이 된다. 그러므로 변수 c가 가장 큰 수가 되며 최대의 값을 갖기 위해 선언한 max에 c의 값을 대입한다. if( ) 조건문을 모두 빠져나온 후 printf( )를 이용하여 최댓값 4를 출력한다.

혼자 해보기

정수 하나를 입력받아 80점이 넘으면 최초합격, 50점 이상이면 후보, 50점보다 작으면 실격을 출력하는 프로그램을 작성하시오.

【 입력/출력 예 】

```
입력 예:   80
출력 예:   최초합격

입력 예:   40
출력 예:   실격
```

05. 정수, 연산자, 정수를 순서대로 입력하여 값을 구하는 프로그램을 작성하시오.

【 입력/출력 예 】

```
입력 예:    4 / 2

출력 예:    4 / 2 = 2
```

【 소스 5-5 】

```
#include <stdio.h>
int main(void) {
    int a, b;           //정수형 변수 a, b 선언
    char ch;            //연산기호를 저장하기 위한 문자형 변수 ch 선언

    scanf("%d", &a);    //첫 번째 정수 입력받음
    scanf(" %c", &ch);  //연산기호 입력받음
    scanf("%d", &b);    //두 번째 정수 입력받음

    //연산기호에 맞는 출력문을 호출하는 조건문
    if (ch == '+')
            printf("%d + %d = %d \n", a, b, a + b);
    else if (ch == '-')
            printf("%d - %d = %d \n", a, b, a - b);
    else if (ch == '*')
            printf("%d * %d = %d \n", a, b, a * b);
    else if (ch == '/')
            printf("%d / %d = %.f \n", a, b, (float)a / b);
    else
            printf("연산자가 +, -, *, / 가 아닙니다. \n");
    return 0;
}
```

3개의 입력 변수 중 중간에 입력받은 연산기호(문자형 변수)를 이용한다.

if (ch == '+')

변수 ch의 연산기호가 '+'와 같다면 변수 a와 b의 합을 출력한다. char형 변수는 정수형 변수이기 때문에 '=='을 이용하여 값을 비교하는 것이 가능하다. 하지만 문자열의 경우 '=='로 비교하는 것이 불가능하기 때문에 strcmp()라는 특별한 문자열 함수를 이용하여 비교를 해야 한다.

```
if (ch == '/')
```

변수 ch의 연산기호가 '/'와 같다면 변수 a에서 b를 나눈 값을 출력한다.

```
printf("%d / %d = %.f \n", a, b, (float)a / b);
```

(float)a에서 (float)는 강제 형 변환이라고 하며 a의 자료형을 강제로 float형으로 변환시킨 후 b와 나누어 결과 값을 실수형으로 출력하게 한다.

형 변환이란 데이터 형식(Type)을 변환하는 것으로 자동 형 변환과 강제 형 변환으로 나누어진다.

자동 형 변환

자동적으로 발생하는 형태의 변환으로 묵시적 형 변환이라고도 한다. 예를 들어 int n = 3.14;의 경우 3.14를 n에 대입하지만 n의 자료형이 int형이므로 소수점을 제외한 3만 대입된다.

강제 형 변환

프로그래머가 명시적으로 형 변환을 요청하는 형태의 변환으로 명시적 형 변환이라고도 한다. 위의 '(float)a / b' 와 같이 '/'를 하기 전에 강제로 a의 자료형을 실수형으로 변환시켜 실수형 '/' 계산이 되도록 한다.

```
else
```

연산기호가 '+, −, *, /'가 아니면 에러 메시지를 출력한 후 연산을 수행하지 않고 프로그램을 종료한다.

혼자 해보기

정수를 입력하면 메뉴판의 번호에 해당하는 제품과 가격을 출력하는 자판기 프로그램을 작성하시오.(단 0번을 입력하면 종료)

0 종료	1 콜라 800원
2 사이다 700원	3 환타 1000원

【 입력/출력 예 】

입력 예: 1

출력 예: 콜라
800원

06. 문제 5와 같이 정수, 연산자, 정수를 순서대로 입력하여 값을 구하는 프로그램을 작성하시오. 단, switch문을 사용하여 프로그램을 작성하시오.

【 입력/출력 예 】

입력 예: 4 / 2

출력 예: 4 / 2 = 2

【 소스 5-6 】

```
#include <stdio.h>
int main(void) {
    int a, b;                   //정수형 변수 a, b 선언
    char ch;                    //연산기호를 저장하기 위한 문자형 변수 ch 선언

    scanf("%d", &a);            //첫 번째 정수 입력받음
    scanf(" %c", &ch);          //연산기호 입력받음
    scanf("%d", &b);            //두 번째 정수 입력받음

    //연산기호에 맞는 출력문을 호출하는 조건문
    switch (ch)
    {
        case '+':
            printf("%d + %d = %d \n", a, b, a + b);
            break;
        case '-':
            printf("%d - %d = %d \n", a, b, a - b);
            break;
        case '*':
            printf("%d * %d = %d \n", a, b, a * b);
            break;
        case '/':
            printf("%d / %d = %.f \n", a, b, (float)a / b);
            break;
        default:
            printf("연산자가 +, -, *, / 가 아닙니다. \n");
            break;
        return 0;
    }
}
```

switch( ) case 는 ( )안의 결과 값과 일치하는 값을 case의 값과 비교하여 찾은 후, 그 이후의 문장부터 실행한다. 만약 모든 case를 검색해도 원하는 값이 검색되지 않으면 최종적으로 default의 내용을 실행한다.

switch(ch)

ch값을 switch( ) 내부의 case들과 비교한다. 값이 일치하면 다음 문장부터 실행한다. ( )안에 들어가는 값은 정수 또는 문자만 가능하다.

case '+'

switch(ch)의 변수 ch의 값과 case의 '+'가 결과 값이 같으면 아래 문장을 실행한다. 'break;'는 실행의 중단을 위해 필요한 종료문으로 만약 'break;'가 없다면 case의 문장들이 모두 실행되고 난 뒤 다음 case에 해당하는 문장들까지 모두 실행하게 된다.

그러므로 특별한 상황이 발생하지 않는 한 'break;'문을 이용하여 switch( )의 실행을 중단해야 한다.

default

case에 맞는 값이 없다면 default로 이동하게 되며 default 아래의 문장들이 실행된 후 switch( )가 종료된다. 만약 default를 작성하지 않으면 아무 작업도 하지 않고 switch( )가 종료된다.

위 예제의 경우 '/'연산이기 때문에 case에서 '/'인 것을 찾은 후 case 안의 내용을 출력하게 된다.

혼자 해보기

1 ~ 12 사이의 정수를 입력받아 평년의 경우 입력받은 월의 날수를 출력하는 프로그램을 작성하시오.

【 입력/출력 예 】

```
입력 예:    2

출력 예:    28
```

07. 정수 1개를 입력받아 정수의 값이 1이면 100을 출력하고 아니면 200을 출력하는 프로그램을 작성하시오.

【 입력/출력 예 】

입력 예:	1
출력 예:	100

【 소스 5-7 】

```
#include <stdio.h>

int main(void) {
    int num1;
    int num2;

    scanf("%d", &num1);
    num2 = (num1 == 1) ? 100 :200;

    printf("%d\n",num2);
    return 0;
}
```

num2 = (num1 == 1) ? 100 :200;

삼항 연산자는 ?와 :로 조합된 하나의 연산자이다. 먼저 참/거짓을 판단할 변수나 조건식을 지정한 후 '?' 다음에 참과 거짓일 때 사용할 값을 나열한다. 각 값은 ':'로 구분하며 ':' 앞은 참일 때, ':' 뒤는 거짓일 때 사용한다.

변수 num1의 값으로 1이 입력되었으므로 (num1 == 1)은 참이 됩니다. 그러므로 ':' 앞의 값인 100이 num2에 대입된다.

참일 때 사용할 값 (↓ 100)

(num1 == 1) ? 100 : 200;

(num1 == 1) ↑ 참/거짓을 판단하는 조건식

200 ↑ 거짓일 때 사용할 값

위의 예제를 if문으로 바꾸면 아래와 같다.

```
#include <stdio.h>

int main(void) {
    int num1;
    int num2;

    scanf("%d", &num1);
    if (num1 == 1)
        num2 = 100;
    else
        num2 = 200;

    printf("%d\n",num2);
    return 0;
}
```

혼자 해보기

정수를 입력받아 입력값이 0보다 크면 정수를 그대로 출력하고, 0보다 작으면 음수를 제거하여 양수로 출력하는 프로그램을 작성하시오.

【 입력/출력 예 】

입력 예: -3

출력 예: 3

확인학습

01. 임의의 정수를 입력받아 홀수인지, 짝수인지 구분하는 프로그램을 작성하시오.

입력 예	4
출력 예	4는 짝수입니다.

02. 표준 입력으로 월(Month)을 입력받아 if문을 사용해 분기를 계산하는 프로그램을 작성하시오.

입력 예	3
출력 예	1분기입니다.

03. 수식을 입력받고 Switch – case 문을 활용한 간단한 사칙연산 계산기 프로그램을 작성하시오.

입력 예	5 2 *
출력 예	5 * 2 = 10 입니다

04. 연도를 입력받아 윤년인지 평년인지 판단하는 프로그램을 작성하시오.

입력 예	2020
출력 예	윤년입니다.

05. 3개의 정수를 입력받아 2번째로 큰 수를 출력하는 프로그램을 작성하시오.

입력 예	5 2 7
출력 예	5

CHAPTER

06

반복문(while)

미리보기

6장에서는 반복적인 작업을 수행하는 경우, 프로그램을 효율적으로 작성할 수 있는 반복문에 대해 학습한다. C언어에서 제공하는 반복문 중에 while문을 이용하여 조건이 만족하는 경우 지속적으로 반복 작업을 수행하는 방법을 학습한다.

01. 1부터 15까지 차례로 출력하는 프로그램을 작성하시오.

【 출력 예 】

```
1 2 3 4 5 6 7 8 9 10 11 12 13 14 15
```

【 소스 6-1-1 】

```
#include <stdio.h>

int main(void) {
    int n = 1;                          // 정수형 변수 n 선언 후 1로 초기화
    while (n < 16) {                    // n의 값이 16보다 작을 때 실행
            printf("%d ", n);           // n 출력
            n++;                        // n에 저장된 값을 1 증가
    }
    return 0;
}
```

while 반복문

while문은 반복문의 종류 중 하나로 while( )의 조건식이 참(true)일 때 계속해서 반복하는 문법이다. 조건식에는 비교 또는 논리 연산식을 사용할 수 있다. while문은 {} 안의 문장을 한 번 실행하고 나서 다시 조건을 확인하여 조건식의 결과가 거짓(false)이 될 때까지 계속 {} 안의 문장 실행을 반복한다.

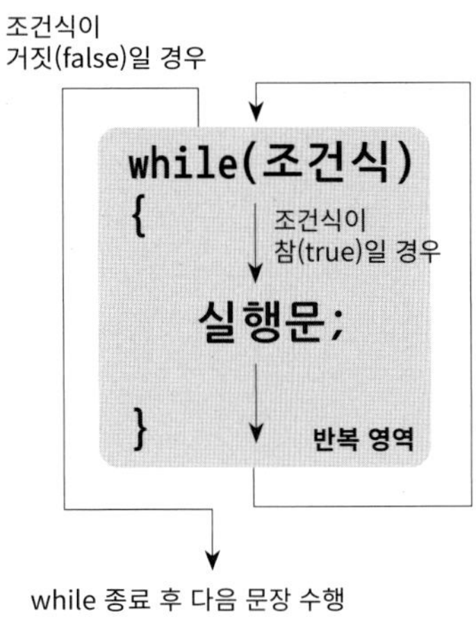

실행 순서

1. 조건식을 실행한 후 조건식의 결과가 참(true)이면 실행문을 실행
2. 실행문이 모두 실행되면 다시 조건식으로 되돌아가서 조건식 실행
3. 만약 조건식이 참(true)이라면 1, 2번을 다시 반복하고 거짓(false)이라면 while문을 종료

`while (n < 16)`

n의 초기값은 1이므로 while 조건문의 (n < 16)은 참이 된다. 그러므로 while문의 {} 안의 내용이 실행된다.

```
{
    printf("%d ", n);
    n++;
}
```

printf( )를 통해 첫 번째 n의 값 1을 출력한다. 그 후 'n++'를 통해 n의 값을 1 증가시킨다.

while문의 {} 안에서 n의 값이 계속해서 1씩 증가하다가 결국 n이 16일 때 (n < 16)의 조건은 거짓이 된다. 최종적으로 1부터 15까지의 숫자를 출력하고 while문은 종료되게 된다.

【 소스 6-1-2 】

```
#include <stdio.h>

int main(void) {
    int n = 1;                    // 정수형 변수 n 선언 후 1로 초기화
    while (n != 16) {             // n의 값이 16이 될 때까지 반복
            printf("%d ", n);     // n 출력
            n++;                  // n에 저장된 값을 1 증가
    }
    return 0;
}
```

`while (n != 16)`

위 (n < 16) 대신 (n != 16)의 조건을 넣어도 같은 결과를 얻을 수 있다. (n != 16)의 경우 n이 16이 아니면 참(true)의 결과를 나타내기 때문에 n이 16이 될 때까지 while문의 {} 실행문을 계속 반복한다.

혼자 해보기

임의의 숫자 n을 입력받고, n부터 1까지 출력하는 프로그램을 작성하시오.

【 입력/출력 예 】

```
입력 예:    13

출력 예:    13 12 11 10 9 8 7 6 5 4 3 2 1
```

02. 정수 2개를 입력받아 아래와 같이 거듭제곱을 구하는 프로그램을 작성하시오. (첫 번째 정수 : 밑, 두 번째 정수 : 지수)

【 입력/출력 예 】

```
입력 예:    2 4

출력 예:    16
```

【 소스 6-2 】

```
#include <stdio.h>

int main(void) {
    int n=1;
    int pow=1;
    int a, b;
    scanf("%d %d", &a, &b);
    while (n <= b) {
            pow = pow * a;
            n++;
    }
    printf("%d ", pow);
    return 0;
}
```

```
int n=1
```

while문의 반복을 위한 변수 n을 선언하면서 1로 초기화한다.

```
int pow=1
```

변수 pow는 거듭제곱의 결과를 저장할 변수이다. 초기값을 1로 선언한다.

```
int a, b;
```

변수 a는 거듭제곱의 밑을 나타낼 정수를 저장하고 변수 b는 제곱 수(지수)를 저장하는 변수이다.

```
while(n <= b) {
        pow = pow *a;
        n++;
}
```

거듭제곱은 제곱 수만큼 주어진 수를 곱하는 과정이므로 변수 n(1)이 변수 b와 같아질 때까지 계속해서 반복한다. while문의 실행문을 보면 'pow = pow * a;'를 통해 a의 값을 기존의 pow에 계속해서 곱하므로 거듭제곱의 결과를 계산하고 있다. 만약 변수 n이 변수 b보다 커지면 while문은 종료한다.

【 예 】

2^2의 경우 2*2 = 4가 된다.

1. n은 1, b는 2이므로 while(n <= b)의 결과는 참이다.
2. pow는 1, a는 2이므로 첫 번째 'pow=pow*a;'의 결과 pow는 2가 된다.
3. n을 1 증가시켜 n의 값은 2가 된다.
4. n은 2, b는 2이므로 while(n <= b)의 결과는 참이다.
5. pow는 2, a는 2이므로 두 번째 'pow=pow*a;'의 결과 pow는 4가 된다.
6. n을 1 증가시켜 n의 값은 3이 된다.
7. n은 3, b는 2이므로 while(n <= b)의 결과가 거짓이 된다.
8. while문을 종료한 후 최종값 pow를 출력한다. pow의 값은 4이다.

혼자 해보기

100 이하의 정수를 입력받아 while문을 이용하여 1부터 입력받은 정수까지의 합을 구하여 출력하는 프로그램을 작성하시오.

【 입력/출력 예 】

```
입력 예:    5

출력 예:    1 2 3 4 5 15
```

03. 정수를 계속 입력받다가 0이 입력되면, 입력된 수들 중 홀수의 합과 평균을 출력하는 프로그램을 작성하시오.

【 입력/출력 예 】

```
입력 예:    3 2 10 7 8 4 5 0

출력 예:    15
            5.00
```

【 소스 6-3 】

```c
#include <stdio.h>

int main(void) {
    int n = 1;                  // 정수형 변수 n을 선언하고 1로 초기화
    double sum = 0.0;           // 총합
    double count = 0.0;         // 입력받은 횟수
    double avg;                 // 결과 값 저장(평균값)
    while (n != 0) {            // 사용자가 0을 입력할 때까지 값을 입력
            scanf("%d", &n);    // 사용자로부터 입력받은 값을 n에 저장
            if (n % 2 == 1) {   // n이 홀수인 경우
                    sum += n;
                    count++; // 홀수가 입력된 횟수를 1 증가
            }
    }
    printf("%.f\n", sum);
    avg = sum / count; // 총합과 횟수로 평균값을 계산
```

```
    printf("%.2f\n", avg);
    return 0;
}
```

int n=1;

조건식에 비교 변수로 사용될 n을 1로 초기화한다.

while (n != 0) { ... }

(n != 0) 조건식은 0이 입력되면 while문을 벗어나게 한다. 사용자로부터 n의 값을 입력받으면 if 조건문에서 n의 홀수 여부를 판단한다. n을 2로 나누어 나머지가 1이 나오면 n은 홀수가 되기 때문에 (n % 2 == 1)을 통해 홀수의 값을 찾아낼 수 있다.

조건식에 의해 n이 홀수이면 합을 저장하는 sum에 입력된 변수의 값을 더하고 count의 값을 1 증가시킨다. 짝수인 경우 조건식 내용을 수행하지 않고 반복문을 다시 수행한다. n에 0이 입력되었을 경우 반복문에서 벗어나게 되고 이때까지 입력되었던 홀수의 합과 평균을 계산하여 출력한다.

혼자 해보기

입력받은 정수가 홀수인지 짝수인지 판별하고, 0을 입력하면 종료하는 프로그램을 작성하시오.

【 입력/출력 예 】

```
입력 예:   1
출력 예:   홀수입니다.

입력 예:   4
출력 예:   짝수입니다.
```

---

04. 1 이상 9 이하의 수를 연속적으로 입력하고 그 합과 평균을 구하는 프로그램을 작성하시오. 단 1 미만 9 초과인 수를 입력하면 그 값을 제외한 총합과 평균을 구하고 프로그램을 종료한다.

【 입력/출력 예 】

입력 예: 3 2 7 7 8 14

출력 예: 총합 : 27, 평균 : 5

【 소스 6-4-1 】

```
#include <stdio.h>

int main(void) {
    int n;                          // 정수형 변수 n 선언
    int sum = 0;
    int count = 0;                  // 횟수를 저장하기 위한 정수형 변수 count 선언

    while (1) {                               // while문 무한 반복
            scanf("%d", &n);
            if (n > 9 || n < 1) {             // 입력받은 값이 1에서 9사이의 값이 아닌 경우
                    break;
            }

            sum += n;                         //  누적 합계 저장
            count++;                          //  누적 횟수 저장
    }
    printf("총합 : %d, 평균 : %d\n", sum, sum/count);
    return 0;
}
```

`while(1) { ... }`

while( )문의 조건이 1이면 항상 참(true)이기 때문에 while문이 무한으로 반복된다. 이러한 while문을 무한 반복문이라고 한다. 무한 반복문의 경우 { } 안에 while문을 탈출할 수 있는 명령어나 조건이 없다면 프로그램이 종료되지 않고 무한으로 반복된다.

`if (n > 9 || n < 1) { break; }`

만약 입력받은 변수 n의 값이 1보다 작거나 9보다 크면 while문을 탈출한다. break;를 둘러싸고 있는 반복문을 강제 종료시키는 명령어이다.

`sum += n;`

입력받은 변수 n의 값이 1~9 사이라면 입력받은 값을 누적해서 sum 변수에 더한다.

【 소스 6-4-2 】

```
#include <stdio.h>

int main(void) {
    int n;                                  // 정수형 변수 n 선언
    int sum = 0;
    int count = 0;

    do {
            scanf("%d", &n);
            if (n > 9 || n < 1) {           // 입력받은 값이 1에서 9사이의 값이 아닌 경우
                    continue;
            }

            sum += n;                       // 누적 합계 저장
            count++;                        // 누적 횟수 저장
    } while (n >= 1 & n <= 9);              // while문 무한 반복
    printf("총합 : %d, 평균 : %d\n", sum, sum/count);
    return 0;
}
```

do ~ while( ) { ... } 반복문

while( ) 반복문의 경우 먼저 조건을 확인하고 조건의 결과가 참이면 { } 내용을 실행한다. 하지만 do ~ while( )의 경우 먼저 do { }의 내용을 실행한 후 while( )문의 조건을 확인하여 참이면 계속해서 do { }의 내용을 실행하고 거짓이면 do ~ while( )을 종료한다. while( )과 다른 점은 { }의 내용을 먼저 실행한다는 점이다.

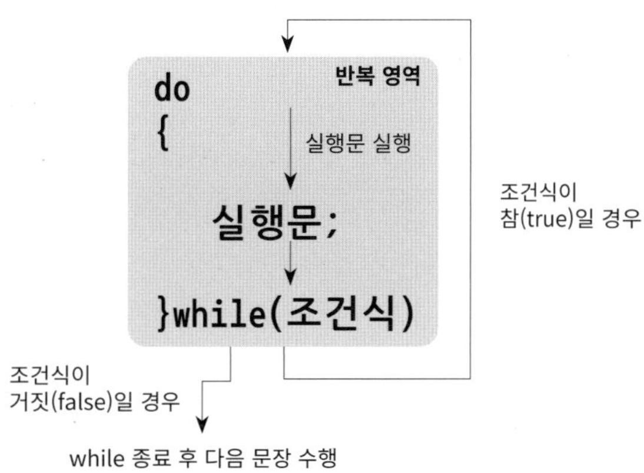

```
if(n > 9 || n < 1) { continue; }
```

만약 입력받은 변수 n의 값이 1보다 작거나 9보다 크면 if( )문 아래의 실행문들은 무시하고 다음 while( ) 조건식으로 넘어간다. 'continue;'는 continue 아래의 코드는 실행하지 않고 건너뛴 다음 반복을 다시 시작하는 것을 의미한다.

혼자 해보기

사용자로부터 정수 4개를 입력받은 뒤, 입력받은 정수 값들의 총합, 평균을 출력하는 프로그램을 while문을 사용하여 작성하시오. (평균은 소수점 첫째 자리까지 출력한다)

【 입력/출력 예 】

```
입력 예:   60 80 75 95

출력 예:   총합 : 310
           평균 : 77.5
```

---

05. while 문을 사용하여 입력받은 정수의 구구단을 출력하는 프로그램을 작성하시오. 단, 입력받은 정수가 100 이상이면 즉시 프로그램을 종료한다.

【 입력/출력 예 】

```
입력 예:   3
출력 예:   3 x 1 = 3
           3 x 2 = 6
           3 x 3 = 9
           3 x 4 = 12
           3 x 5 = 15
           3 x 6 = 18
           3 x 7 = 21
           3 x 8 = 24
           3 x 9 = 27

입력 예:   100
출력 예:   프로그램을 종료합니다.
```

【 소스 6-5 】

```
#include <stdio.h>

int main(void) {
    int n, m = 1;                    // 정수형 변수 n, m을 선언하고 m을 1로 초기화
    while (1) {                      // 무한 반복
            scanf("%d", &n);

            if (n > 99) {       // 입력받은 값이 99보다 큰 경우
                    printf("프로그램을 종료합니다.\n");
                    break;
            }

            m = 1;
            while (m < 10) {    // m 값이 10보다 작을 때 수행
                    printf("%d x %d = %d\n", n, m, n * m);
                    m++;       // m의 값을 1 증가
            }
    }
    return 0;
}
```

```
while(1) {
    while (m < 10) { ... }
}
```

while( )문 안에 또 다른 while( )문을 추가할 수 있으며 추가하는 반복문의 횟수는 정해져 있지 않다. 이렇게 반복문 안에 반복문이 포함되는 형식을 다중 반복문이라고 한다. 다중 반복문은 프로그램의 편의 및 최적화를 위해 많이 사용한다. 하지만 무분별한 중첩은 좋지 않으므로 2중 반복문을 초과하는 다중 반복문은 지양하도록 한다.

첫 번째 while(1)은 무한으로 반복되는 반복문으로 구구단의 정수를 입력받아 구구단을 출력하도록 한다.

두 번째 while(m 〈 10)의 경우 구구단을 출력하기 위한 반복문으로 m의 값을 1부터 9까지 증가시키면서 n*m의 값을 출력한다. 이를 통해 입력한 정수의 구구단을 출력할 수 있다.

```
if (n > 99) { break; }
```

입력받은 n의 값이 99보다 크면 '프로그램을 종료합니다.'를 출력한 후 while(1) 무한 반복문을 탈출한다.

혼자 해보기

사용자로부터 100 이하 임의의 수 n을 입력받고, n의 약수에 해당하는 수를 모두 출력하는 프로그램을 작성하시오.

【 입력/출력 예 】

입력 예: 24

출력 예: 1 2 3 4 6 8 12 24

확인학습

01. 사용자로부터 1 이상의 정수를 계속 입력받다가 0을 입력받은 경우, 지금까지 입력받았던 수 중에서 짝수의 합, 홀수의 합을 별도로 출력하는 프로그램을 작성하시오.

입력 예	5 7 8 1 2 10 14 13 21 3 0
출력 예	짝수 총합 : 34 홀수 총합 : 50

02. 1에서 15까지의 수 중 임의의 값을 입력받고, 2의 입력값 거듭제곱(2^n)의 값을 출력하는 프로그램을 while문을 사용하여 작성하시오.

입력 예	7
출력 예	128
입력 예	10
출력 예	1024

03. 1 이상 9 이하 수 중에서 하나를 골라 다음과 같은 연산을 수행한다. 주어진 수에 우선 3을 곱한 뒤, 결과가 10 이상이면 일의 자리 숫자만 남긴 뒤 다시 3을 곱한다. 해당 연산을 처음 고른 수가 나올 때까지 수행하고, 3을 곱한 횟수를 출력하는 프로그램을 작성하시오.

입력 예	3
출력 예	4
입력 예	5
출력 예	1
입력 예	12
출력 예	1에서 9 사이의 수 중에서 입력해주세요.

04. 1부터 100까지의 수 중에서 2, 3, 5, 7.. 등의 소수만 출력하는 프로그램을 while문을 사용하여 작성하시오.

출력 예	2 3 5 7 11 13 17 19 23 29 31 37 41 43 47 53 59 61 67 71 73 79 83 89 97

05. 2~100 사이의 입력받은 정수가 소수인지 판별하고, 소수인 경우 몇 번째 소수인지 출력하여 보여주는 프로그램을 작성하시오.

입력 예	4
출력 예	소수가 아닙니다.
입력 예	101
출력 예	2 ~ 100 사이의 숫자만 입력해주세요.
입력 예	11
출력 예	11은 5번째 소수입니다.

CHAPTER

07

반복문(for)

미리보기

7장에서는 C언어의 또 다른 반복문인 for문에 대해 학습한다. for문은 반복의 횟수를 사전에 결정할 수 있는 경우에 주로 사용하는 명령어로 초기식과 조건식, 증감식을 하나의 문장 안에 작성하여 while문에 비해 효율적인 코드 작성이 가능하다.

01. 1부터 15까지 차례로 출력하는 프로그램을 작성하시오.

【 출력 예 】

```
1 2 3 4 5 6 7 8 9 10 11 12 13 14 15
```

【 소스 7-1 】

```
#include <stdio.h>

int main(void) {
    int i, a = 1;

    for (i = 0; i < 15; i++) {
            printf("%d ", a++);
    }
    printf("\n");
    return 0;
}
```

for 반복문

for 반복문은 while문과 같이 {} 내의 문장을 반복하여 실행한다. for문은 기본적으로 아래와 같은 형식으로 구성된다.

```
for ( 초기식 ; 조건식 ; 증감식)
{
    '조건식'이 만족할 시 수행할 명령문
}
```

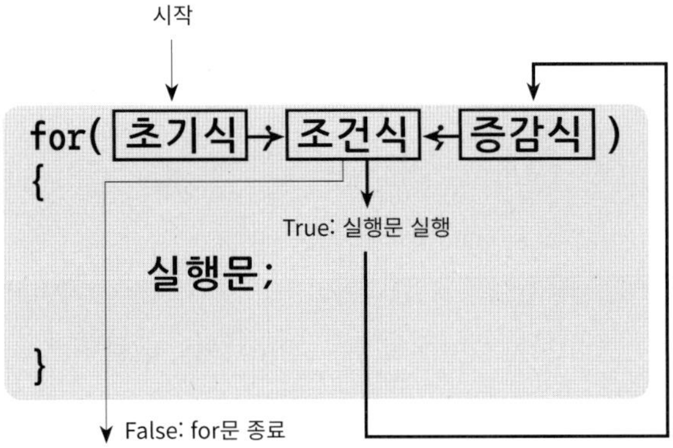

for문을 수행하면 가장 먼저 '초기식'을 수행하고, '조건식'을 평가한 후 '조건식'의 결과가 참이면 아래 실행문을 수행한다. 그 후에 '증감식'을 수행하고, 다시 '조건식'을 평가하여 수식의 결과가 참이면 다시 실행문을 실행하고 '증감식'을 수행한다. 즉, '조건식'이 거짓을 반환할 때까지 for문은 계속 수행된다.

- **초기식**: for문을 수행할 때 단 한 번만 수행되며 어떤 변수의 초기값을 선언하는 식이다.
- **조건식**: 조건이 참이면 { }의 실행문을 실행하며 거짓이면 for문을 종료한다.
- **증감식**: 실행문이 실행될 때마다 같이 실행되며 보통 초기식에 선언된 변수의 증감을 위해 사용한다.

```
for (i = 0; i < 15; i++)
```

초기식에서 변수 'i'의 값을 0으로 초기화한 후 그 값이 15보다 작으면 {} 안의 실행문을 실행한다. 실행문 실행 시 'i++' 식이 실행되므로, 실행문이 실행되고 난 후 i 값을 1 증가시킨다. 실행문이 한 번 수행되고 난 후 다시 조건식 'i 〈 15'를 비교하고 조건이 참이면 계속해서 실행문과 증감식을 수행한다. for문이 반복될수록 변수 i의 값이 증가하다가 결국 'i 〈 15'의 결과 값이 거짓인 상태가 발생하며 이때 for문을 종료한다.

혼자 해보기

숫자를 입력받아 입력받은 숫자만큼 숫자를 출력하는 프로그램을 작성하시오.

【 입력/출력 예 】

```
입력 예:   5

출력 예:   1 2 3 4 5
```

02. 100 이하의 정수를 입력받아 1부터 입력받은 정수까지의 합을 구하여 출력하는 프로그램을 작성하시오.

【 입력/출력 예 】

```
입력 예:    50

출력 예:    1275
```

【 소스 7-2 】

```
#include <stdio.h>

int main(void) {
    int i, n;                       //정수형 변수 i, n 선언
    int sum = 0;                    //입력받은 정수의 합을 저정하는 변수
    scanf("%d", &n);                //n 값 입력
    for (i = 1; i <= n; i++) {
            //입력받은 정수까지의 합을 구함
            sum += i;               //sum = sum+i;

    }
    printf("%d\n", sum);            //정수의 합을 저장한 sum 출력
    return 0;
}
```

for (i = 1; i <= n; i++)

변수 i를 1로 초기화 한 후 i의 값이 사용자로부터 입력받은 변수 n보다 작거나 같으면 {} 실행문을 실행하고 i값을 1 증가시킨다. 'i <= n' 조건이 거짓일 때까지 {} 실행문을 반복한다.

sum += i;

for문이 실행될 때마다 실행되는 실행문으로 변수 sum의 초기 값은 0이며 실행문이 실행될 때마다 sum 변수에 i 값을 더한다. 결국 n만큼 반복되면서 sum의 값도 1부터 n까지 더한 값이 된다.

혼자 해보기

100 이하의 정수를 입력받아 1부터 입력받은 정수까지 5의 배수의 합을 구하여 출력하는 프로그램을 작성하시오.

【 입력/출력 예 】

```
입력 예:    3
출력 예:    0

입력 예:    10
출력 예:    15
```

03. 두 정수를 입력받고, 1부터 100까지의 수 중에서 입력받은 정수 2개의 공배수만을 출력하는 프로그램을 작성하시오.

【 입력/출력 예 】

```
입력 예:    2 7

출력 예:    14 28 42 56 70 84 98
```

【 소스 7-3 】

```c
#include <stdio.h>

int main(void) {
    int n, m, i;
    scanf("%d %d", &n, &m);
    //1부터 100까지의 수 중 공배수를 찾기 위한 반복문
    for (i = 1; i <= 100; i++) {
            //공배수 판별 조건문
            if (i % n == 0 && i % m == 0) {
                    printf("%d ", i);
            }
    }
    return 0;
}
```

for (i = 1; i <= 100; i++)

변수 i를 1로 초기화한 후 i의 값이 100보다 작거나 같으면 {} 실행문을 실행하고 i 값을 1 증가시킨다. 'i <= 100' 조건이 거짓이 될 때까지 {} 실행문을 반복한다.

if (i % n == 0 && i % m == 0)

공배수를 판단하는 조건문이다. i의 값을 입력받은 두 수로 나누어 두 결과의 나머지가 모두 0이면 공배수 조건을 만족한다. 조건을 만족하면 변수 i 값을 출력한다.

혼자 해보기

100 이하의 정수를 입력받아 1부터 입력받은 정수까지 홀수인 정수만 출력하는 프로그램을 작성하시오.

【 입력/출력 예 】

```
입력 예:    10

출력 예:    1 3 5 7 9
```

---

04. 1부터 차례로 누적하여 합을 구하다가 합이 입력받은 수를 넘으면 중단하고 마지막으로 더해진 값과 누적된 합을 출력하는 프로그램을 작성하시오.

【 입력/출력 예 】

```
입력 예:    450

출력 예:    마지막으로 더해진 값 : 30
            누적된 합 : 465
```

【 소스 7-4 】

```
#include <stdio.h>

int main(void) {
    int n;                          //정수형 변수 n 선언
    int tmp = 0, sum = 0, max = 32767;
```

```
    scanf("%d", &n);
    //int의 범위까지 반복(단, 조건문이 성립할 때)
    for (int i = 0; i < max; i++) {
            sum = sum + i;      //입력받은 수를 넘기 전까지의 합
            tmp = i;            //마지막으로 더해진 값 저장
            //sum이 n보다 크거나 같으면 반복문을 벗어남
            if (sum >= n) break;
    }
    printf("마지막으로 더해진 값 : %d\n누적된 합 : %d\n", tmp,sum);
    return 0;
}
```

int tmp = 0, sum = 0, max = 32767;

변수 tmp는 마지막으로 더해진 값을 저장하기 위해 선언한다. 변수 sum은 덧셈의 누적값을 저장하기 위해 선언한다. 변수 max는 정수 자료형 int의 양의 최댓값인 32767을 대입한다. 변수 max의 값을 최댓값으로 초기화한 이유는 아래에서 설명한다.

for (i = 1; i <= max; i++)

변수 i를 1로 초기화한 후 i의 값이 변수 max보다 작거나 같으면 {} 실행문을 계속해서 반복한다. max의 값을 정수형의 최댓값으로 설정하여 더해진 값이 입력받은 값(변수 n)보다 클 때까지 반복하게 한다. 만약 sum이 n보다 커지게 되면 변수 tmp는 마지막으로 더해진 i의 값이 되어 최종적으로 변수 tmp와 sum이 출력된다.

if (sum >= n) break;

만약 누적해서 더해진 값이 n보다 커지면 for문을 종료하고 빠져나온다. break문은 while문에서와 마찬가지로 반복문을 정지할 때 사용하는 명령어이다.

혼자 해보기

정수를 입력받아 약수를 출력하는 프로그램을 작성하시오.

【 입력/출력 예 】

입력 예: 24

출력 예: 1 2 3 4 6 8 12 24

---

05. 5개의 정수를 입력받아 최솟값과 최댓값을 출력하는 프로그램을 작성하시오.

【 입력/출력 예 】

입력 예: 2 4 8 1 7

출력 예:
```
MIN : 1
MAX : 8
```

【 소스 7-5 】

```
//5개의 정수를 입력받아 최솟값과 최댓값을 출력하는 코드
#include <stdio.h>
int main(void)
{
    int num, i;                  // 5개의 정수를 입력받기 위한 정수형 변수 num 선언
    int min, max;                // 입력받은 정수의 최댓값, 최솟값을 저장하는 변수 선언

    for (i = 0; i < 5; i++)
    {
            scanf("%d", &num);           // 반복할 때마다 정수 입력
            if (i == 0) {                // 첫 입력인 경우 min, max 변수 초기화
                    min = num;
                    max = num;
            }
            else if (min > num)          //처음 입력받은 값보다 작을 경우
            {
                    min = num;           //min에 num값 저장
            }
            else if (max < num)          //처음 입력받은 값보다 클 경우
            {
                    max = num;           //max에 num값 저장
            }
    }
    //반복이 끝나고 최종적으로 min과 max에 저장된 값 출력
    printf("MIN : %d\nMAX : %d\n", min, max);
    return 0;
}
```

```
for (i = 0; i < 5; i++)
```

변수 i를 0으로 초기화한 후 i의 값이 5보다 작으면 {} 실행문을 계속해서 반복한다. 결국 for문은 총 5번을 반복하고 종료된다.

```
if (i == 0) { min = num; max = num; }
else if (min > num) { min = num; }
else if (max < num) { max = num; }
```

변수 i가 0이면, 다시 말해 첫 번째로 실행되는 경우 변수 min과 max는 모두 처음으로 입력받은 num 값으로 대입해준다. 첫 번째로 실행할 경우 min, max 값은 모두 0으로 초기화된 상태이기 때문에 입력받은 값으로 초기화 해준다. 두 번째 입력부터 입력받은 num과 min, max 값을 비교한다. 만약 입력값 num이 min보다 작으면 최솟값은 입력받은 값으로 변경된다. 만약 입력값 num이 max보다 크면 최댓값은 입력받은 값으로 변경된다. 이렇게 5번을 반복하면 입력받은 값 중 최댓값과 최솟값을 구할 수 있다.

혼자 해보기

하나의 정수를 입력받고 1부터 입력받은 수 중 소수를 출력하는 프로그램을 작성하시오.

【 입력/출력 예 】

```
입력 예:   15

출력 예:   2 3 5 7 11 13
```

06. 아래 모양과 같이 출력하는 프로그램을 for문을 이용하여 작성하시오.

【 출력 예 】

```
출력 예:   *
           **
           ***
           ****
```

【 소스 7-6 】

```
#include <stdio.h>

int main(void) {
    int i, j;
    //바깥 반복문은 i가 0부터 3까지 총 4번 반복
    for (i = 0; i < 4; i++) {
            // i는 반복할 때마다 1씩 증가
            for (j = 0; j < i + 1; j++) {
                    printf("*");
            }
            //한 줄을 출력하고 줄 바꿈
            printf("\n");
    }
    return 0;
}
```

```
for (i = 0; i < 4; i++) {
        for (int j = 0; j < i + 1; j++) {
            printf("*");
        }
        printf("\n");
}
```

반복문 내에 또 다른 반복문이 들어있는 것을 다중 반복문이라 한다. 우선 밖에 있는 for문의 경우 i를 0으로 초기화한 후 4보다 작을 때까지 반복한다. 이 반복문은 총 4번을 반복하며 출력 결과에서 행의 개수와 같다. 바깥쪽 for문을 기준으로 각 단계별로 어떻게 수행되는지 설명해보도록 하겠다.

*** 첫 번째 for문 i가 0일 때**

1. i는 0이고 { } 안의 실행문을 실행한다. 이 때 두 번째 for문을 실행하게 된다.
2. 두 번째 for문의 경우 j는 0으로 초기화되며 i + 1보다 작을 때까지 반복한다. i의 값은 0이기 때문에 결국 i+1은 1이 되므로 두 번째 for문은 총 1번 반복하게 된다.
3. 두 번째 for문이 1번 반복하기 때문에 '*'은 한 개 출력한다.
4. 두 번째 for문이 종료된 후 줄 바꿈('\n')을 한다.

*** 첫 번째 for문 i가 1일 때**

1. i는 1이고 { } 안의 실행문을 실행한다. 이 때 두 번째 for문을 실행하게 된다.

2. 두 번째 for문의 경우 j는 0으로 초기화되며 i + 1보다 작을 때까지 반복한다. i의 값은 1이기 때문에 결국 i+1은 2가 되므로 두 번째 for문은 총 2번 반복하게 된다.

3. 두 번째 for문이 2번 반복하기 때문에 '*'은 2개를 출력한다.

4. 두 번째 for문이 종료된 후 줄 바꿈('\n')을 한다.

위의 과정을 계속 반복하면 4번 반복 후 첫 번째 for문을 빠져 나오게 되며 출력값은 결과와 같이 출력된다.

위 과정에서 첫 번째 for문은 4줄을 반복하여 줄 바꿈을 하는 역할을 한다. 두 번째 for문의 경우 각각의 줄이 실행될 때마다 줄의 번호와 같은 수의 '*'을 출력하는 역할을 한다.

혼자 해보기

자연수 n을 입력받아 n 줄만큼 다음과 같이 출력하는 프로그램을 작성하시오.

【 입력/출력 예 】

```
입력 예:    7

출력 예:    1
            2 3
            4 5 6
            7 8 9 10
            11 12 13 14 15
            16 17 18 19 20 21
            22 23 24 25 26 27 28
```

---

07. 아래 모양과 같이 출력하는 프로그램을 for문을 이용하여 작성하시오.

【 출력 예 】

```
출력 예:    *
            * *
            * * *
            * *
            *
```

【 소스 7-7 】

```
#include <stdio.h>

int main(void) {
    int i, j;
    //3번째 줄까지 반복
    for (i = 0; i < 3; i++) {
    //별의 개수를 늘려줌
            for (j = 0; j < i + 1; j++) {
                    printf("*");        // 별 출력
            }
            printf("\n");               // 한 줄마다 줄 바꿈
    }
    //나머지 2줄을 출력하기 위한 반복문
    for (i = 2; i > 0; i--) {
    //별의 개수를 줄여줌
            for (j = i; j > 0; j--) {
                    printf("*");
            }
            printf("\n");
    }
    return 0;
}
```

문제 6에서 이미 단계별로 '*'을 증가시켜 출력하는 프로그램을 작성하였다. 이 문제는 문제 6을 응용하여 증가 이후 감소하는 단계만 추가하면 된다. 그러므로 증가하는 2중 for문을 먼저 작성하고 그 이후 감소하는 2중 for문을 작성하면 쉽게 프로그램을 작성할 수 있다.

3행까지 증가하는 '*' 출력하기

2중 for문을 이용하여 3행 까지 증가하는 '*'을 출력한다. 첫 번째 for문에서 i는 0으로 초기화하고 3보다 작을 때까지 행을 추가하면서 각 행마다 줄의 번호만큼의 '*'을 출력한다.

4행부터 감소하는 '*' 출력하기

감소하는 행은 총 2행이 있으므로 i의 값을 2로 초기화한 후 0보다 크면 {} 실행문을 실행하고 i의 값을 감소시킨다. 이를 통해 첫 번째 for문은 총 2번을 반복하게 된다. 두 번째 for문에서는 j의 값을 i로 초기화한 후 똑같이 0보다 크면 {} 실행문을 실행하고 j의 값을 감소한다.

첫 번째 행에서 i의 값이 2일 때 j의 값도 2가 되고 for문은 2번 반복하게 되므로 '*'은 2개가 출력된다. 이렇게 마지막 행까지 별의 개수가 감소하여 출력한다.

혼자 해보기

자연수 n을 입력받아 n 줄만큼 다음과 같이 출력하는 프로그램을 작성하시오.

【 입력/출력 예 】

```
입력 예:   3

출력 예:   1
           2 3
           4 5 6
           7 8
           9
```

---

08. 자연수 n을 입력받아 n 줄만큼 다음과 같이 출력하는 프로그램을 작성하시오.

【 입력/출력 예 】

```
입력 예:   4

출력 예:      *
             ***
            *****
           *******
```

【 소스 7-8 】

```
#include <stdio.h>

int main(void) {
   int i, j;
   int n;                          //정수형 변수 선언
   scanf("%d", &n);                //n 입력
   //바깥 반복문은 i가 0부터 3까지 총 4번 반복
   for (i = 0; i < n; i++) {
           // i는 반복할 때마다 1씩 증가
```

```
        for (j = n-i; j > 0; j--) {
            printf(" ");
        }

        for (j = 0; j < (i*2) + 1; j++) {
            printf("*");
        }
        //한 줄을 출력하고 줄 바꿈
        printf("\n");
    }
    return 0;
}
```

for (i = 0; i < n; i++) { ... }

예제 6에서 행이 증가할수록 '*'이 한 개씩 증가하여 출력하도록 프로그래밍 해보았다. 이번 예제에서는 예제 6을 응용하여 '*'의 피라미드를 출력하는 프로그램을 작성해본다. 피라미드의 경우 행의 개수를 분석하여 첫 번째 행의 '*'의 위치를 빈 공간으로 정렬해준다. 아래와 같이 피라미드가 3행으로 출력된다고 가정해보자. (빈 공간은 '–'로 표시한다.)

```
--*
-***
*****
```

위와 같이 3행 피라미드의 첫 번째 '*'의 열의 위치를 보면 총 2칸을 빈 공간으로 주고 '*'을 출력한다. 두 번째 행의 '***'을 보면 총 빈 공간은 1개인 것을 볼 수 있다. 그러므로 피라미드를 만들기 위한 빈 공간의 개수는 '전체 행의 개수–1'로 시작하여 행을 추가할수록 그 개수를 1씩 줄이면서 계산할 수 있다.

```
for (j = n-i; j > 0; j--) {
    printf(" ");
}
```

빈 공간을 출력하기 위해 빈 공간의 개수는 전체 행의 개수 – 1로 시작하여 0이 될때까지 반복하여 빈 공간을 출력한다.

```
for (j = 0; j < (i*2) + 1; j++) {

    printf("*");
}
printf("\n");
```

위 예제에서 볼 수 있듯이 피라미드의 별의 개수는 첫 번째 행은 1개, 두 번째 행은 3개, 세 번째 행은 5개로 점점 증가한다. 이를 수식으로 계산하면 (현재 행 위치(i) * 2 + 1)이 된다. 그러므로 j=0으로 시작하여 j의 값이 (i*2)+1이 될 때까지 반복해서 '*'을 출력하면 된다.

예제 6과 달리 피라미드는 별의 개수가 (n*2)+1만큼 증가한다.

혼자 해보기

아래 모양과 같이 출력하는 프로그램을 for문을 이용하여 작성하시오.

【 입력/출력 예 】

```
입력 예:    4

출력 예:       *
              ***
             *****
            *******
             *****
              ***
               *
```

---

09. for 문을 사용하여 구구단 2 ~ 5단을 가로로 출력하는 프로그램을 작성하시오.

【 출력 예 】

```
2 x 1 =  2    3 x 1 =  3    4 x 1 =  4    5 x 1 =  5
2 x 2 =  4    3 x 2 =  6    4 x 2 =  8    5 x 2 = 10
2 x 3 =  6    3 x 3 =  9    4 x 3 = 12    5 x 3 = 15
2 x 4 =  8    3 x 4 = 12    4 x 4 = 16    5 x 4 = 20
2 x 5 = 10    3 x 5 = 15    4 x 5 = 20    5 x 5 = 25
2 x 6 = 12    3 x 6 = 18    4 x 6 = 24    5 x 6 = 30
2 x 7 = 14    3 x 7 = 21    4 x 7 = 28    5 x 7 = 35
2 x 8 = 16    3 x 8 = 24    4 x 8 = 32    5 x 8 = 40
2 x 9 = 18    3 x 9 = 27    4 x 9 = 36    5 x 9 = 45
```

【 소스 7-9 】

```
#include <stdio.h>

int main(void) {
    int  step;
    int i;
    // 9번 반복 (i = 1~5)
    for (i = 1; i < 10; i++) {
            // 4번 반복 (step : 2~5)
            for (step = 2; step < 6; step++) {
                    printf("%d * %d = %2d  ", step, i, step*i);
            }
            printf("\n");
    }
    return 0;
}
```

출력값을 기준으로 각 행과 열에서 해야할 일들을 생각해보자.

첫 번째 행의 경우 곱하는 값이 1이고 두 번째 행은 곱하는 값이 2이고 세 번째, 네 번째 행으로 갈수록 곱하는 값은 1씩 증가하여 9까지 증가하게 된다. 그러므로 곱하는 값을 의미하는 i를 1로 초기화한 후 10보다 작을 때까지 반복하여 행을 출력하도록 한다.

i의 값이 1일 경우 2번째 for문의 하는 일을 살펴보자

변수 i의 값이 1이면 첫 번째 열을 나타낸다. 첫 번째 열의 경우 단의 수는 2가되고 두 번째 열의 경우 단의 수는 3, 세 번째 4, 네 번째 5로 1씩 증가하게 된다. 따라서 단의 수를 의미하는 step 변수를 2로 초기화하고 6보다 작을 때까지 반복하도록 한다. 따라서 step이 증가할 때마다 step * 1을 출력하는 printf문을 작성하여 각 값을 출력한다.

for문이 끝나면 줄을 바꾸고 i를 2로 증가시킨 후 i가 9가 될 때까지 위의 과정을 반복한다.

혼자 해보기

아래 모양과 같이 출력하는 프로그램을 for문을 이용하여 작성하시오.

【 출력 예 】

```
2 * 1 =  2
2 * 2 =  4
2 * 3 =  6
2 * 4 =  8
2 * 5 = 10
2 * 6 = 12
2 * 7 = 14
2 * 8 = 16
2 * 9 = 18
3 * 1 =  3
3 * 2 =  6
3 * 3 =  9
3 * 4 = 12
3 * 5 = 15
3 * 6 = 18
3 * 7 = 21
3 * 8 = 24
3 * 9 = 27
4 * 1 =  4
4 * 2 =  8
4 * 3 = 12
4 * 4 = 16
4 * 5 = 20
4 * 6 = 24
4 * 7 = 28
4 * 8 = 32
4 * 9 = 36
.
.
.
9 * 1 =  9
9 * 2 = 18
9 * 3 = 27
9 * 4 = 36
9 * 5 = 45
9 * 6 = 54
9 * 7 = 63
9 * 8 = 72
9 * 9 = 81
```

확인학습

01. 무한 루프를 돌게하는 for문의 형식을 작성하시오

02. 100 이하의 정수 n을 입력받아 n까지의 짝수인 정수만 출력하는 프로그램을 작성하시오.

입력 예	10
출력 예	2 4 6 8 10

03. 표준 입력으로 월(month)를 입력받고, 1부터 입력받은 수까지 한 줄에 1개월씩 출력하는 프로그램을 작성하시오.

입력 예	3
출력 예	1월 2월 3월

04. 정수를 입력받고 입력받은 정수부터 1까지 역순으로 출력하는 프로그램을 작성하시오.

입력 예	5
출력 예	5 4 3 2 1

05. 표준 입력으로 n을 입력받고 n의 배수를 출력하는 프로그램을 작성하시오.(최댓값 100)

입력 예	4
출력 예	4 8 12 16 20 24 28 32 36 40 44 48 52 56 60 64 68 72 76 80 84 88 92 96 100

06. 1에서 50까지의 정수 중에서 3의 배수와 7의 배수를 제외한 수를 출력하는 프로그램을 작성하시오.

입력 예	
출력 예	1 2 4 5 8 10 11 13 16 17 19 20 22 23 25 26 29 31 32 34 37 38 40 41 43 44 46 47 50

07. 100 이상 1000 이하의 정수를 입력받고, 입력받은 정수의 자릿수를 출력하는 프로그램을 작성하시오.

입력 예	123
출력 예	3

08. 아래와 같은 출력이 나오도록 프로그램을 작성하시오.

입력 예	5

출력 예	*****
	 ****
	  ***
	   **
	    *

09. 3, 6, 9 게임. 숫자를 1씩 증가하며 숫자에 3, 6, 9가 포함되어 있으면 그 개수만큼 "짝"을 출력한다.(숫자는 1~100까지 한정, "짝"을 출력할 때에는 숫자는 출력하지 않음)

출력 예	1 2 짝 4 5 짝 7 8 짝 10 11

10. 표준입력으로 정수를 입력받고, 입력받은 정수 개수만큼 피보나치 수열을 출력하는 프로그램을 작성하시오.

입력 예	10
출력 예	0 1 1 2 3 5 8 13 21 34

CHAPTER

08

배열

미리보기

8장에서는 대량의 데이터를 저장하기 위한 방법인 배열에 대하여 학습한다. 동일한 데이터 타입의 데이터를 여러 개의 변수에 각각 저장하여 관리하는 번거로움을 제거하기 위해 다수의 데이터를 마치 하나의 변수에 저장하여 관리하는 것과 유사한 방식으로 저장하는 배열의 사용방법에 대해 학습한다. 배열은 여러 개의 데이터를 첨자(index)라고 하는 숫자를 이용하여 각각의 데이터를 관리한다.

01. 3개의 정수를 입력받은 후 차례로 출력하는 프로그램을 작성하시오.

【 입력/출력 예 】

입력 예: 4 5 6

출력 예: 4 5 6

【 소스 8-1-1 】

```
#include <stdio.h>
int main(void) {

    int a, b, c; // 정수형 변수 a, b, c 선언
    scanf("%d %d %d", &a, &b, &c);

    // 입력받은 정수 3개를 각 변수에 저장
    printf("%d %d %d", a, b, c); // 입력받은 정수가 저장된 변수 a, b, c를 출력
    return 0;
}
```

3개의 정수를 입력받기 위해서는 위와 같이 3개의 변수를 선언하고 각각의 변수에 정수를 입력해야 한다. 만약 100개의 정수를 입력받으려면 위와 같이 100개의 변수를 만들어 입력받아야 할까?

100개의 정수에 대한 변수 100개를 만드는 것은 가능하지만 많은 시간이 동반되며 수많은 변수들을 관리하는 것도 쉽지 않을 것이다. 또한 개수가 100개가 아닌 1000개, 10000개로 늘어날수록 변수를 생성해서 관리하기란 불가능에 가까울 수 있다.

【 소스 8-1-2 】

```
#include <stdio.h>
int main(void) {

    int a[3]; // 정수형 변수 3개와 동일한 크기를 가지는 정수형 배열 a[3] 선언
    // 배열의 각 인덱스에 입력받은 정수 저장
        scanf("%d %d %d", &a[0], &a[1], &a[2]);

    // 배열의 각 인덱스에 접근하여 저장된 정수 출력
    printf("%d %d %d", a[0], a[1], a[2]);

    return 0;
}
```

배열(Array)이란, 어떤 한 가지 자료형을 연속적으로 나열하는 것을 말한다. 만약 100개의 변수를 저장하여 사용하고자 한다면, 소스 8-1-1과 같이 100개의 변수를 선언해서 각각 저장하는 것이 아니라 소스 8-1-2처럼 배열을 사용하여 변수 하나로 아주 쉽게 사용할 수 있다.

배열의 선언 방법

```
자료형 변수이름[개수];
```

배열의 선언은 변수의 선언과 비슷하다. 먼저 자료형을 결정하고 변수 이름을 선언한다. 한 가지 다른 점은 변수 이름 뒤에 '[ ]'를 붙이고 '[ ]'사이에 자료의 개수를 정한다.

```
int a[3];
```

a라는 변수는 int형 자료를 3개만큼 저장할 수 있는 배열로 선언되었다. 기존의 변수들은 1개의 자료 공간을 가지고 있지만 배열은 정해진 개수만큼의 자료 공간을 가진다.

int a[3] =

주소	a[0]	a[1]	a[2]
값			

배열 a[3]을 선언하면 위 그림과 같이 3개의 int형 자료 공간이 생성된다. 각각의 공간에는 공간의 주소와 그 공간에 넣을 수 있는 값이 존재한다.

배열의 사용 방법

```
변수이름[색인] = 1;
```

배열의 사용은 위와 같이 '변수이름[색인]'으로 사용할 수 있다. '색인'은 배열 공간에서의 위치를 말하며 순서는 0부터 시작된다. 만약 'a[0] = 1;'을 실행하면 위 그림과 같이 배열 a[0] 주소의 공간에 1이 저장된다. 이런 방식으로 하나의 변수로 생성된 각각의 자료 공간에 값을 저장할 수 있다.

```
scanf("%d %d %d", &a[0], &a[1], &a[2]);
```

배열 변수 a[0], a[1], a[2]에 각각 값을 입력받는다. 입력받은 값들은 각각의 배열 주소를 찾아 그 공간에 저장된다. 앞의 예제와 같이 4, 5, 6이 입력되면 각 공간에 저장된 값은 아래와 같다.

int a[3] =

주소	a[0]	a[1]	a[2]
값	4	5	6

printf("%d %d %d", a[0], a[1], a[2]);

배열 a에 저장된 a[0], a[1], a[2]의 값을 각각 출력한다. 출력값은 "4 5 6"이 된다.

【 소스 8-1-3 】

```
#include <stdio.h>
int main(void) {

    int i;
    int a[3]; // 정수형 변수 3개와 동일한 크기를 가지는 정수형 배열 a[3] 선언
    // 배열의 각 인덱스에 입력받은 정수 저장
    for(i=0;i<3;i++) {
            scanf("%d", &a[i]);
    }

    // 배열의 각 인덱스에 접근하여 저장된 정수 출력
    for(i=0;i<3;i++) {
             printf("%d ", a[i]);
    }
    printf("\n");
    return 0;
}
```

소스 8-1-2에서는 배열의 색인을 직접 입력하여 각 배열 주소의 값을 출력하였다. 소스 8-1-3에서는 배열의 색인을 반복문을 통해 결정하고 선택하는 방법을 알아본다.

```
for(i=0;i<3;i++) {
      scanf("%d", &a[i]);
}
```

배열의 모든 저장 공간에 값을 입력받기 위해 for문을 3번 반복한다. 이 때 변수 i는 0으로 초기화하고 3보다 작다면 for문을 계속 반복한다. 첫 번째 반복에서 i는 0이기 때문에 a[i] 는 a[0]이 되므로 a[0]의 위치에 입력받은 값이 저장된다. 두 번째 반복에서 i는 1이기 때문에 a[i]는 a[1]이 되며 a[1]의 위치에 입력받은 값을 저장한다. 이렇게 for문이 끝날 때까지 반복하여 배열의 모든 공간에 입력값을 저장한다.

```
for(i=0;i<3;i++) {
        printf("%d ", a[i]);
}
```

총 3개의 값을 가지고 있는 배열의 내용을 출력하기 위해 for문을 3번 반복한다. for문을 반복하면 i의 값은 0부터 2까지 증가하고 각 반복마다 a[i]를 출력한다.

혼자 해보기

3개의 정수를 입력받은 후 거꾸로 출력하는 프로그램을 작성하시오(배열 사용).

【 입력/출력 예 】

```
입력 예:    4 5 6

출력 예:    6 5 4
```

---

02. 10개의 정수를 저장할 수 있는 배열을 선언하고 1부터 10까지의 정수를 차례로 대입한 후 배열의 크기와 평균을 구하는 프로그램을 작성하시오.

【 출력 예 】

```
배열의 크기 : 10
평균 : 5
```

【 소스 8-2 】

```
#include <stdio.h>

int main(void) {
    int arr[] = {1, 2, 3, 4, 5, 6, 7, 8, 9, 10};
    int i;
    int sum=0, count;

    count = sizeof(arr) / sizeof(int);

    for(i=0;i<count;i++) {
            sum += arr[i];
    }
```

```
    printf("배열의 크기 : %d\n", count);
    printf("평균 : %d\n", (sum/count));
    return 0;
}
```

int arr[] = {1, 2, 3, 4, 5, 6, 7, 8, 9, 10};

위와 같이 배열 변수 'arr[ ]'를 선언한다. 자세히 보면 배열의 크기를 선언하지 않은 것을 확인할 수 있다. 이는 배열 생성 시 크기를 특정하지 않고 후에 초기화를 진행할 때 요소의 크기에 따라 자동으로 크기를 생성해준다.

배열 arr은 '{1, 2, 3, 4, 5, 6, 7, 8, 9, 10}'을 통해 1부터 10의 값으로 초기화할 수 있다. 배열은 '{값1, 값2, ...}'의 형식으로 초기화할 수 있으며 아래 그림과 같이 1부터 10까지의 정수가 각 배열 공간에 저장된 것을 확인할 수 있다.

배열을 생성할 때 배열의 크기를 설정하지 않았기 때문에 초기화한 요소의 수로 배열의 크기가 정해진다. 변수 arr의 자료형은 정수형이기 때문에 아래 그림과 같이 4byte 크기의 정수형 배열 공간 10개가 메모리에 생성된다.

	주소	a[0]	a[1]	a[2]	a[3]	a[4]	a[5]	a[6]	a[7]	a[8]	a[9]
int arr[10] =	값	1	2	3	4	5	6	7	8	9	10
	크기(byte)	4	4	4	4	4	4	4	4	4	4

count = sizeof(arr) / sizeof(int);

위 예제와 같이 배열의 arr 크기를 특정하지 않았기 때문에 배열의 요소 개수를 알 수 없다. 물론 초기화 시 10개의 요소값을 넣어 초기화했기 때문에 그 개수를 알 수 있지만 'sizeof( )' 함수를 통해서 배열의 개수를 알아낼 수도 있다. 추후 동적으로 배열을 생성할 때는 이와 같은 방법을 많이 사용하므로 알아두는 편이 좋다.

'sizeof(요소)'는 요소의 크기를 반환해주는 연산자이다. 'sizeof(arr)'에서 배열 arr의 경우 4byte 크기의 공간이 10개가 생성됐으므로 총 크기는 40이 반환된다. 'sizeof(int)'의 경우 자료형 int의 크기를 반환하므로 4가 반환된다. 배열 arr은 int형(4byte) 공간이 생성된 것이므로 총 크기에서 int형 크기를 나눈 값이 배열의 개수가 된다. 그러므로 'sizeof(arr) / sizeof(int)'로 계산하면 arr배열의 개수를 구할 수 있다.

```
for(i=0;i<count;i++) {
        sum += arr[i];
}
```

i를 0으로 초기화하고 count보다 작으면 실행문을 계속 반복한다. count는 10이므로 총 10번이 반복되고 arr배열의 모든 값을 가져와서 sum 변수에 누적한다.

혼자 해보기

알파벳 A부터 Z까지를 모두 배열 초기화 시 선언하고 그 배열의 개수를 출력하는 프로그램을 작성하시오.

【 출력 예 】

```
배열의 개수 : 26
```

---

03. 알파벳 대문자를 모두 배열에 삽입하고 'A'부터 순서대로 출력하는 프로그램을 작성하시오.

【 출력 예 】

```
A B C D E F G H I J K L M N O P Q R S T U V W X Y Z
```

【 소스 8-3 】

```
#include <stdio.h>
int main(void) {

   char c[26]; // 알파벳 개수만큼의 크기를 가지는 문자형 배열 c
   int i;

   for (i = 0; i < 26; i++) {
           c[i] = 'A' + i;
           // 문자형 배열 c의 i번째 인덱스 값을 알파벳으로 초기화
   }
   for (i = 0; i < 26; i++) {
           printf("%c ", c[i]);  // 각 배열에 저장된 값 출력
```

```
    }
    printf("\n");

    return 0;
}
```

```
char c[26];
```

문자를 담기 위한 배열 c를 char형으로 선언한다. c의 크기는 알파벳의 개수인 26으로 선언한다.

```
for (int i = 0; i < 26; i++) {
        c[i] = 'A' + i;
}
```

변수 i를 0으로 초기화하고 26보다 작으면 실행문을 반복한다. 실행문은 'A'를 시작으로 i만큼 더한 값을 배열 c에 저장한다.

혼자 해보기

알파벳 대문자를 모두 배열에 삽입하고 'Z' 부터 거꾸로 출력하는 프로그램을 작성하시오.

【 출력 예 】

```
Z Y X W V U T S R Q P O N M L K J I H G F E D C B A
```

---

04. 10개의 정수를 입력받고, 홀수 번째로 입력받은 정수를 모두 출력하는 프로그램을 작성하시오.

【 입력/출력 예 】

```
입력 예:    1 8 67 3 4 59 43 2 5 10

출력 예:    1 67 4 43 5
```

【 소스 8-4 】

```
#include <stdio.h>

int main(void) {
    int num[10];
    int i;
    for (i = 0; i < 10; i++) {
            scanf("%d", &num[i]); // 각 배열의 공간에 사용자가 입력한 값을 저장
    }

    for (i = 0; i < 10; i++) {
            if ((i+1) % 2 != 0)
                    printf("%d ", num[i]);
    }
    return 0;
}
```

```
for (i = 0; i < 10; i++) {
        if ((i+1) % 2 != 0)
                printf("%d ", num[i]);
}
```

10번을 반복하는 for문을 작성한다. 변수 i의 값은 매 반복마다 1씩 증가한다. 변수 i는 배열 num의 위치값으로 이용되기 때문에 변수 i를 이용하여 현재 배열의 위치가 홀수인지 짝수인지 판단할 수 있다. 홀짝 여부는 조건문을 이용하며 현재 위치 번호가 2로 나누어 떨어지지 않으면 홀수 번째 위치라고 볼 수 있다. (i+1)을 하는 이유는 i의 값이 0부터 시작되기 때문에 '+1'을 하여 홀짝 여부를 계산할 때 1부터 계산될 수 있도록 한다.

혼자 해보기

10개의 정수를 입력받고, 입력받은 정수를 홀수와 짝수 위치로 구분하여 출력하는 프로그램을 작성하시오.

【 입력/출력 예 】

```
입력 예:    1 8 67 3 4 59 43 2 5 10

출력 예:    홀수 위치의 값 : 1 67 4 43 5
            짝수 위치의 값 : 8 3 59 2 10
```

05. 7명의 국어 점수를 입력받아 배열에 저장하고 총점과 평균을 구하고 합격한 학생 수를 출력하는 프로그램을 작성하시오. 합격의 기준은 80점 이상이다.

【 입력/출력 예 】

입력 예: 100 95 65 50 50 60 70

출력 예:
```
총점 : 490
평균 : 70
합격한 학생 수 : 2
합격률 : 28.57%
```

【 소스 8-5 】

```c
#include <stdio.h>

int main(void) {
    int score[7];
    int i, sum = 0, pass = 0;
    for (i = 0; i < 7; i++) {
            scanf("%d", &score[i]);
            if (score[i] >= 80)
                    pass++;
            sum += score[i];
    }

    printf("총점 : %d\n평균 : %d\n", sum, sum / 7);
    printf("합격한 학생 수 : %d\n", pass);
    printf("합격률 : %.2f%%", (float)pass/7*100);
    return 0;
}
```

```c
for (i = 0; i < 7; i++) {
        scanf("%d", &score[i]);
        if (score[i] >= 80)
                pass++;
        sum += score[i];
}
```

7번을 반복하는 for문을 작성한다. 변수 i의 값은 매 반복마다 1씩 증가한다. score배열에 값을 입력받고 입력받음과 동시에 'score[i]' 값을 이용하여 합격여부를 판단하고 sum 변수에 값을 누적한다.

```
printf("합격률 : %.2f%%", (float)pass/7*100);
```

합격률의 경우 '합격한 인원/전체 인원*100'으로 계산되므로 '(float)pass/7*100'으로 작성한다. (float)로 형 변환을 하는 이유는 pass변수가 정수형으로 선언되어 있고 결과 값인 합격률은 실수형으로 계산되고 출력되어야 하므로 형 변환을 통해 실수형으로 변경시켜준다.

혼자 해보기

10명의 국어 점수를 입력받아 평균을 계산하고 평균 이상인 학생들과 평균 미만인 학생들의 수를 출력하는 프로그램을 작성하시오.

【 입력/출력 예 】

```
입력 예:   100 95 65 50 50 60 70 85 30 99

출력 예:   총점 : 704
           평균 : 70
           평균 이상인 학생 수 : 5
           평균 미만인 학생 수 : 5
```

---

06. 10개의 자연수를 입력받아 그 중 가장 큰 수를 출력하는 프로그램을 작성하시오.

【 입력/출력 예 】

```
입력 예:   23 55 15 9 3 42 76 78 3 19

출력 예:   78
```

【 소스 8-6 】

```
#include <stdio.h>

int main(void) {
    int num[10];                          //정수 10개를 저장하기 위한 정수형 배열
    int i, max;                           //배열 내 가장 큰 값을 저장하기 위한 변수 max
    for (i = 0; i < 10; i++) {
            scanf("%d", &num[i]);         //배열에 값 입력
    }
    max = num[0];      // 변수 max에 배열의 0번째 인덱스에 저장된 값 저장
```

```
    for (i = 1; i < 10; i++) {
            if (num[i] > max) { // 나머지 인덱스에 저장된 값과 max 비교
                  // max보다 더 큰 값이 배열에 존재하면, max에 더 큰 값 저장
                  max = num[i];
            }
    }

    printf("%d\n", max); // 가장 큰 값이 저장된 max 출력
    return 0;
}
```

`max = num[0];`

최댓값을 저장할 변수 max에 num 배열의 첫 번째 값을 대입한다.

첫 번째 값을 기준으로 이후에 나올 값들과 비교하여 기존 값보다 큰 값이 나올 경우 교체하는 방식으로 프로그램을 진행한다.

```
for (i = 1; i < 10; i++) {
        if (num[i] > max) {
              max = num[i];
        }
}
```

이미 num배열의 첫 번째 위치의 값을 max 변수에 넣었기 때문에 두 번째 위치부터 끝까지 탐색하기 위해 for문의 i를 1부터 시작하여 10보다 작을 때까지 반복한다. 총 9번을 반복하면서 입력받은 배열 num[i]의 값과 max변수를 비교하여 num[i]가 크면 max변수를 num[i] 값으로 교체한다.

혼자 해보기

10개의 정수를 입력받고, 짝수 번째에 입력된 정수들 중 최댓값과 최솟값을 출력하는 프로그램을 작성하시오.

【 입력/출력 예 】

```
입력 예:   1 8 67 3 4 59 43 2 5 10

출력 예:   짝수 번째에 입력된 값 : 8 3 59 2 10
          최댓값 : 59
          최솟값 : 2
```

07. 1부터 9까지의 정수를 입력받다가 입력된 정수가 1~9의 범위를 벗어나면 입력을 종료하고 입력된 각 숫자의 개수를 작은 수부터 출력하는 프로그램을 작성하시오. 단, 한 번도 입력하지 않은 수의 개수는 출력하지 마시오.

【 입력/출력 예 】

```
입력 예:    4 9 8 2 4 2 4 22

출력 예:    2 : 2개
            4 : 3개
            8 : 1개
            9 : 1개
```

【 소스 8-7 】

```
#include <stdio.h>

int main(void) {
    int num[9] = { 0 };
    int i, n;
    while (1){
            scanf("%d", &n);
            if (n <= 1 || n >= 9)
                    break;
            num[n - 1]++;
    }

    for (i = 0; i < 9; i++) {
            if (num[i] != 0) {
                    printf("%d : %d개\n", i + 1, num[i]);
            }
    }
    return 0;
}
```

입력받는 수의 개수를 저장하기 위한 배열을 생성한다. 1부터 9까지의 숫자 개수를 저장해야 하므로 배열의 크기가 9개인 num 배열을 선언한다. 입력받은 값은 1부터 9까지의 정수이다.

9개의 배열 공간에 입력받은 정수의 개수를 저장하기 위해서는 '입력받은 값−1'의 배열 위치의 값을 증가시킨다. 만약 정수 3을 입력받았다면 아래 그림과 같이 배열 num[2]의 값을 1 증가시킨다.

num[0]	num[1]	num[2]	num[3]	num[4]	num[5]	num[6]	num[7]	num[8]
0	0	1	0	0	0	0	0	0

```
int num[9] = { 0 };
```

배열 num을 선언하고 배열의 모든 저장 공간의 값을 0으로 초기화한다. 배열을 하나의 값으로 초기화할 때에는 위와 같이 {} 안에 한 개의 값만 넣으면 된다.

```
while (1){
        scanf("%d", &n);
        if (n <= 1 || n >= 9)
                break;
        num[n - 1]++;
}
```

정수를 입력받아 변수 n에 저장한다. 만약 입력받은 값이 1~9사이의 값이 아니면 입력을 종료하고 while문을 벗어난다. 입력받은 값이 1~9사이 값이면 num[n−1] 값을 1 증가시킨다.

```
for (i = 0; i < 9; i++) {
        if (num[i] != 0) {
                printf("%d : %d개\n", i + 1, num[i]);
        }
  }
```

배열 num의 값을 출력한다. 만약 num[i]의 값이 0이면 그 값은 출력하지 않는다.

혼자 해보기

예제 7번과 같이 1~9까지의 입력받은 정수의 개수를 출력한 후 입력받은 수의 모든 합을 구하는 프로그램을 작성하시오.

【 입력/출력 예 】

```
입력 예:   4 9 8 2 4 2 4 22

출력 예:   2 : 2개
           4 : 3개
           8 : 1개
           9 : 1개
           모든 수의 합 : 33
```

08. 5개의 정수를 입력받고, 오름차순으로 정렬하는 프로그램을 작성하시오.

【 입력/출력 예 】

입력 예:	1 4 5 2 3
출력 예:	1 2 3 4 5

【 소스 8-8 】

```
#include <stdio.h>

int main(void) {
    int num[5]; // 정수형 배열 num 선언
    int i, j, least, tmp;    // 값을 임시 저장하기 위한 정수형 변수 tmp
    for (i = 0; i < 5; i++) {
            scanf("%d", &num[i]); // 입력받은 값 5개를 배열에 저장
    }

    // 마지막 숫자는 자동으로 정렬되기 때문에 (숫자 개수-1)만큼 반복한다.
    for (i = 0; i < 4; i++) {
            least = i;
            // 최솟값을 탐색한다.
            for (j = i+1; j < 5; j++) {
                    if (num[j] < num[least])
                            least = j;
            }
            // 선택된 최솟값과 자신의 값을 변경한다.
            tmp = num[i];
            num[i] = num[least];
            num[least] = tmp;
    }
    for (i = 0; i < 5; i++) {
            printf("%d ", num[i]); // 배열 내 각 원소 값 출력
    }
    return 0;
}
```

정렬은 주어진 숫자를 크기를 기준으로 순서를 맞춰 나열하는 것을 말한다. 크기가 커지는 순서대로 정렬하는 경우 이를 오름차순 정렬이라고 하며 크기가 작아지는 순서대로 정렬하는 경우 이를 내림차순 정렬이라고 한다. 두 가지 정렬의 예는 아래와 같다.

입력 받은 값

1	4	5	2	3

오름차순 정렬

1	2	3	4	5

내림차순 정렬

5	4	3	2	1

입력 받은 숫자를 오름차순으로 정렬하기 위한 정렬 방법에는 여러 방법이 있지만 본 문제에서는 정렬의 가장 기본 알고리즘인 선택 정렬(selection sort)을 사용한다.

선택 정렬 과정

1. 주어진 배열 중에서 최솟값을 찾는다.
2. 그 값을 맨 앞에 위치한 값과 교체한다.
3. 맨 처음 위치를 뺀 나머지 리스트를 같은 방법으로 교체한다.
4. 하나의 원소만 남을 때까지 위의 1~3 과정을 반복한다.

입력 받은 값

num[0]	num[1]	num[2]	num[3]	num[4]
1	4	5	2	3

1단계

1단계 위치를 기준으로 가장 작은 수가 1단계 위치인 num[0]에 오도록 둘씩 비교하여 비교된 숫자가 작다면 교환한다. least는 단계별로 가장 작은 수를 가지는 배열의 색인을 대입한다.

단계	1	2	3	4	5
least	0				
주소	num[0]	num[1]	num[2]	num[3]	num[4]
값	1	4	5	2	3

num[0]과 num[1]을 비교한다. num[0]이 더 작으므로 least의 값은 0으로 유지한다.

단계	1	2	3	4	5
least	0				
주소	num[0]	num[1]	num[2]	num[3]	num[4]
값	1	4	5	2	3

num[0]과 num[2]를 비교한다. num[0]이 더 작으므로 least의 값은 0으로 유지한다.

단계	1	2	3	4	5
least	0				
주소	num[0]	num[1]	num[2]	num[3]	num[4]
값	1	4	5	2	3

num[0]과 num[3]을 비교한다. num[0]이 더 작으므로 least의 값은 0으로 유지한다.

단계	1	2	3	4	5
least	0				
주소	num[0]	num[1]	num[2]	num[3]	num[4]
값	1	4	5	2	3

num[0]과 num[4]를 비교한다. num[0]이 더 작으므로 least의 값은 0으로 유지한다.

5단계까지 모두 비교한 후 최솟값의 배열 색인을 저장하고 있는 num[least]와 num[0]의 값을 변경한다.

2단계 : 작은 수가 2단계 위치인 num[1]에 오도록 둘씩 비교한다.

단계	1	2	3	4	5
least	1				
주소	num[0]	num[1]	num[2]	num[3]	num[4]
값	1	4	5	2	3

num[1]과 num[2]를 비교한다. num[1]이 더 작으므로 least의 값은 0으로 유지한다.

단계	1	2	3	4	5
least	3				
주소	num[0]	num[1]	num[2]	num[3]	num[4]
값	1	4	5	2	3

num[1]과 num[3]을 비교한다. num[3]이 더 작으므로 least의 값을 3으로 변경한다.

단계	1	2	3	4	5
least	3				
주소	num[0]	num[1]	num[2]	num[3]	num[4]
값	1	4	5	2	3

least의 값이 3으로 변경되었으므로 비교 기준은 num[3]이 되며 마지막 변수인 num[4]와 비교한다. num[3]이 더 작으므로 least의 값은 3으로 유지한다.

num[4]까지 모두 비교 후 최솟값의 배열인 색인을 저장하고 있는 num[least]와 2단계 변수인 num[1]의 값을 변경한다. 결과는 아래와 같다.

단계	1	2	3	4	5
least	3				
주소	num[0]	num[1]	num[2]	num[3]	num[4]
값	1	2	5	4	3

3단계 : 작은 수가 3단계 위치인 num[2]에 오도록 둘씩 비교한다.

단계	1	2	3	4	5
least	2				
주소	num[0]	num[1]	num[2]	num[3]	num[4]
값	1	2	5	4	3

num[2]와 num[3]을 비교한다. num[3]이 더 작으므로 least의 값을 3으로 변경한다.

단계	1	2	3	4	5
least	4				
주소	num[0]	num[1]	num[2]	num[3]	num[4]
값	1	2	5	4	3

least의 값이 3으로 변경되었으므로 비교 기준은 num[3]이 되며 마지막 변수인 num[4]와 비교한다. num[4]가 더 작으므로 least의 값을 4로 변경한다.

num[4]까지 모두 비교 후 최솟값의 배열인 색인을 저장하고 있는 num[least]와 3단계 변수인 num[2]의 값을 변경한다. 결과는 아래와 같다.

단계	1	2	3	4	5
least	4				
주소	num[0]	num[1]	num[2]	num[3]	num[4]
값	1	2	3	4	5

4단계 : 작은 수가 4단계 위치인 num[3]에 오도록 둘 씩 비교한다.

단계	1	2	3	4	5
least	3				
주소	num[0]	num[1]	num[2]	num[3]	num[4]
값	1	2	3	4	5

num[3]과 num[4]를 비교한다. num[3]이 더 작으므로 least의 값은 3으로 유지한다.

모두 비교하였으니 최솟값의 배열 색인을 저장하고 있는 num[least]와 num[3]의 값을 변경한다. least가 num[3]과 같은 위치이므로 변경사항은 없다.

마지막 단계인 5단계는 비교하지 않는다. 최종적으로 배열의 값은 아래와 같은 결과를 보여준다.

단계	1	2	3	4	5
주소	num[0]	num[1]	num[2]	num[3]	num[4]
값	1	2	3	4	5

변수의 값을 서로 교환할 때 직접 교환할 수 없으므로 임시 변수인 tmp를 선언하여 교환을 한다. 이미 chapter 5의 2번째 문제에서 다루었으므로 자세한 설명은 생략한다.

혼자 해보기

10개의 정수를 입력받아 내림차순으로 정렬하는 프로그램을 작성하시오.

【 입력/출력 예 】

```
입력 예:    1 8 5 10 3 4 9 6 12 15

출력 예:    15 12 10 9 8 6 5 4 3 1
```

---

09. 3행 3열의 배열을 선언하고 아래의 출력 예와 같이 초기화한 후 출력하는 프로그램을 작성하시오.

【 출력 예 】

```
1 2 3
4 5 6
7 8 9
```

【 소스 8-9-1 】

```
#include <stdio.h>

int main(void) {
    // 2차원 배열 num 선언, 각 공간을 출력 예와 같이 초기화
    int num[3][3] = { {1,2,3},{4,5,6},{7,8,9} };
    int i, j;

    // 2차원 배열의 모든 인덱스에 접근하기 위해 중첩 for문을 구성
    for (i = 0; i < 3; i++) {
            for (j = 0; j < 3; j++) {
                    printf("%d ", num[i][j]);
            }
            printf("\n");
    }
    return 0;
}
```

```
int num[3][3] = { {1,2,3},{4,5,6},{7,8,9} };
```

3 * 3의 2차원 배열을 선언한다. 2차원 배열의 값은 아래와 같이 초기화한다. 바깥쪽 '{ }' 안에 2차원 배열 값을 초기화할 수 있다. 각 안쪽의 '{ }'는 행의 값을 초기화한다.

num[0][0]	num[0][1]	num[0][2]
1	2	3
num[1][0]	num[1][1]	num[1][2]
4	5	6
num[2][0]	num[2][1]	num[2][2]
7	8	9

2차원 배열을 행렬로 만들면 배열의 첫 번째 첨자는 행을 나타내고 두 번째 첨자는 열을 나타낸다.

```
for (i = 0; i < 3; i++) {
        for (j = 0; j < 3; j++) {
                printf("%d ", num[i][j]);
        }
        printf("\n");
}
```

2중 for문을 사용하여 0*0 부터 2*2까지의 배열 값을 차례대로 출력한다. 첫 번째 for문은 행을 나타내며 i는 행 번호를 선택한다. 두 번째 for문은 열을 나타내며 j는 열 번호를 선택한다. 두 번째 for문이 열을 나타내므로 각 열의 값을 출력한다. 두 번째 for문이 종료되면 행이 종료된 것이므로 줄을 바꾸고 반복 실행한다.

【 소스 8-9-2 】

```
#include <stdio.h>

int main(void) {
   int num[3][3];
   int i, j, count = 1;

   for (i = 0; i < 3; i++) {
           for (j = 0; j < 3; j++) {
                   num[i][j] = count++;
           }
   }
```

```
    for (i = 0; i < 3; i++) {
            for (j = 0; j < 3; j++) {
                    printf("%d ", num[i][j]);
            }
            printf("\n");
    }
    return 0;
}
```

```
for (i = 0; i < 3; i++) {
        for (j = 0; j < 3; j++) {
                num[i][j] = count++;
        }
 }
```

2차원 배열을 선언할 때 바로 초기화할 수도 있지만 2중 반복문을 사용하여 직접 값을 입력할 수도 있다. 소스 8-9-1의 출력문과 같이 2중 for문을 사용하여 행은 i, 열은 j로 선택한다. 각 행과 열의 위치에 count의 값을 대입한다. count값은 한번 대입될 때마다 1씩 증가하므로 8-9-1번과 같은 결과를 얻을 수 있다.

혼자 해보기

5행 5열의 배열을 선언하고 아래와 같이 출력하는 프로그램을 작성하시오.

【 출력 예 】

```
25 24 23 22 21
20 19 18 17 16
15 14 13 12 11
10  9  8  7  6
 5  4  3  2  1
```

---

10. 3행 4열의 2차원 배열을 선언하고 각 배열의 요소를 출력하는 프로그램을 작성하시오.

【 출력 예 】

```
1  2  3  4
5  6  7  8
9 10 11 12
```

【 소스 8-10 】

```
#include <stdio.h>
int main(void) {
    int num[3][4];
    int i, j, count = 1;

    for (i = 0; i < 3; i++) {
            for (j = 0; j < 4; j++) {
                    num[i][j] = count++;
            }
    }
    for (i = 0; i < 3; i++) {
            for (j = 0; j < 4; j++) {
                    printf("%3d", array[i][j]);
            }
            printf("\n");
    }
    return 0;
}
```

```
for (i = 0; i < 3; i++) {
        for (j = 0; j < 4; j++) {
                num[i][j] = count++;
        }
}
```

예제 9의 출력문과 같이 2중 for문을 사용하여 행은 i, 열은 j로 선택한다. 각 행과 열의 위치에 count의 값을 대입한다. 행의 크기가 3이기 때문에 첫 번째 for문 i는 3까지 반복하며 열의 크기는 4이므로 두 번째 for문 j는 4까지 반복한다. count값은 한번 대입될 때마다 1씩 증가하므로 8-9-1번과 같은 결과를 얻을 수 있다.

혼자 해보기

4행 5열의 배열을 선언하고 아래와 같이 지그재그로 숫자가 커지게 출력하는 배열이 되도록 프로그램을 작성하시오.

【 출력 예 】

```
 1  2  3  4  5
10  9  8  7  6
11 12 13 14 15
20 19 18 17 16
```

11. 철수, 철희, 영수, 영희 네 사람의 국어, 영어, 수학, 과학 네 과목의 점수를 입력받아 각 점수와 총점을 출력하는 프로그램을 작성하시오.

【 입력/출력 예 】

```
입력 예:   1번째 학생 점수 입력 : 95 100 100 100
           2번째 학생 점수 입력 : 73 83 95 90
           3번째 학생 점수 입력 : 100 85 80 90
           4번째 학생 점수 입력 : 100 100 100 100

출력 예:   국어 영어  수학 과학 총점
            95  100  100  100  395
            73   83   95   90  341
           100   85   80   90  355
           100  100  100  100  400
```

【 소스 8-11 】

```
#include <stdio.h>

int main()
{
    int i, j;
    int score[4][5] = {0};

    for (i=0; i<4; i++){
        printf("%d번째 학생 점수 입력 : ",i+1);
        for (j=0; j<4; j++){
```

```
            scanf("%d", &score[i][j]);
            score[i][4] += score[i][j];
        }
    }
    printf("국어  영어   수학  과학  총점\n");
    for (i=0;i<4;i++){
        printf("%d : ", i+1);
        for (j=0;j<5;j++){
            printf("%4d  ",score[i][j]);
        }
        printf("\n");
    }

    return 0;
}
```

```
int score[4][5] = {0};
```

학생 4명에 대한 4과목의 점수를 저장하기 위해서는 4행 4열의 배열 공간이 필요하다. 하지만 score의 경우 각 과목의 점수뿐 아니라 합계까지 저장하기 위해 5열의 공간을 선언하였다. 모든 배열의 값들은 0으로 초기화하였는데 그 이유는 합계의 경우 누적값을 계산하기 위해 초기값이 필요하기 때문이다. score 배열의 공간을 표로 그리면 아래와 같다.

이름	국어	영어	수학	과학	총점
철수	[0][0]	[0][1]	[0][2]	[0][3]	[0][4]
철희	[1][0]	[1][1]	[1][2]	[1][3]	[1][4]
영수	[2][0]	[2][1]	[2][2]	[2][3]	[2][4]
영희	[3][0]	[3][1]	[3][2]	[3][3]	[3][4]

배열의 각 행과 열은 위 표와 같다. 예를 들어 철희의 국어, 영어, 수학, 과학 성적은 score[1][0], score[1][1], score[1][2], score[1][3]에 저장되고 총점은 score[1][4]에 저장된다.

```
for (i=0; i<4; i++){
        printf("%d번째 학생 점수 입력 : ", i+1);
        for (j=0; j<4; j++){
            scanf("%d", &score[i][j]);
            score[i][4] += score[i][j];
        }
}
```

각 학생별로 4과목의 점수를 입력받기 위해 행과 열은 각각 4번씩 반복된다. 학생별로 과목을 입력받으면서 'score[i][4] += score[i][j]'와 같이 입력받은 과목을 총점 저장 공간에 누적시킨다.

혼자 해보기

철수, 철희, 영수, 영희 네 사람의 국어, 영어, 수학, 과학 네 과목의 점수를 입력받아 각 점수와 총점, 평균을 출력하고 평균이 90점 이상이면 합격, 90점 미만이면 불합격을 출력하는 프로그램을 작성하시오.

【 입력/출력 예 】

```
입력 예:  1번째 학생 점수 입력 : 95 100 100 100
          2번째 학생 점수 입력 : 73 83 95 90
          3번째 학생 점수 입력 : 100 85 80 90
          4번째 학생 점수 입력 : 100 100 100 100

출력 예:     국어 영어 수학 과학 총점 평균   합격
          1   95  100  100  100  395   98   합격
          2   73   83   95   90  341   85 불합격
          3  100   85   80   90  355   88 불합격
          4  100  100  100  100  400  100   합격
```

확인학습

01. 크기가 5인 문자형 배열을 선언하고, 문자 5개를 입력받은 후 하나의 문자열처럼 한 번에 출력하는 코드를 작성하시오.

입력 예	H e l l o
출력 예	Hello

02. 크기가 [5][5]인 문자형 2차원 배열을 선언하고, 배열의 값을 {{1,0,0,0,0}, {1,1,0,0,0}, {1,1,1,0,0}, {1,1,1,1,0}, {1,1,1,1,1}} 로 초기화한다. 배열의 모든 원소를 출력하되, 값이 1이면 '*' 를, 0이면 ' '(공백)을 출력하는 코드를 작성하시오.

출력 예	* ** *** **** *****

03. 사용자로부터 양수 6개를 입력받아 배열에 저장하고, 입력받은 값들의 총합, 평균, 가장 큰 값, 가장 작은 값을 순서대로 출력하는 코드를 작성하시오. (평균값은 소수점 첫째 자리까지만 표시한다.)

입력 예	43 22 1 27 6 5
출력 예	총합 : 104 평균 : 17.3 가장 큰 값 : 43 가장 작은 값 : 1

04. 사용자로부터 1에서 9사이의 임의의 값을 입력받고, 크기가 20인 정수형 배열에 입력받은 수만큼 추가로 숫자를 입력받아 저장한다. 그 후 배열의 존재하는 모든 원소를 화면에 역순으로 출력하는 코드를 작성하시오.

입력 예	7 120 42 88 -31 75 -3 6
출력 예	6 -3 75 -31 88 42 120

05. 크기가 [2][2]인 정수형 2차원 배열을 2개 선언하고, 각 배열의 값을 {{1, 2}, {3, 4}}, {{5, 6}, {7, 8}}로 초기화한 후, 각 배열의 행렬곱을 수행하고 결과를 출력하는 프로그램을 작성하시오.

출력 예	19 22 43 50

06. 크기가 [2][2]인 정수형 2차원 배열을 2개 선언하고, 각 배열의 값을 1 ~ 9 사이의 양수로 초기화한 후, 배열 간 행렬곱을 수행하고 결과를 출력하는 프로그램을 작성하시오.

입력 예	배열 1 초기화 4 2 9 5 배열 2 초기화 8 4 7 7
출력 예	46 30 107 71

07. 크기가 [3][3]인 정수형 2차원 배열을 선언하고, 배열의 값을 {{1,2,3}, {4,5,6}, {7,8,9}}로 초기화한다. 이후 배열의 행과 열의 각 인덱스 값을 바꾸어 저장하고 출력하는 프로그램을 작성하시오.

출력 예	1 4 7 2 5 8 3 6 9

08. unsigned int 범위 내 정수형 값을 입력으로 받고, 입력받은 수열에 포함된 숫자의 개수를 출력하는 프로그램을 배열을 사용하여 작성하시오. (단, 수열 내 0은 포함하지 않는다)

입력 예	41828398
출력 예	1 : 1 2 : 1 3 : 1 4 : 1 5 : 0 6 : 0 7 : 0 8 : 3 9 : 1

09. 크기가 5인 문자형 배열을 선언하고, 사용자로부터 임의의 값을 입력받아 배열을 초기화한다. 이후 배열 내 문자들을 역순으로 정렬한 값이 처음 입력받은 값과 동일한지 확인하고, 동일한 경우와 다른 경우를 구분하여 결과를 출력하는 코드를 작성하시오.

입력 예	a b c b a
출력 예	입력한 문자들의 역순은 원본과 동일합니다.
입력 예	e e f f e
출력 예	입력한 문자들의 역순은 원본과 다릅니다.

10. 사용자로부터 알파벳 외의 문자를 입력받을 때까지 문자를 입력받고, 다른 문자가 입력되면 지금까지 입력된 알파벳들을 대 · 소문자 구분 없이 입력 횟수를 보여주는 프로그램을 작성하시오. (단, 한 번도 입력되지 않은 알파벳은 출력하지 않는다.)

입력 예	a k s e D D d w K K K +
출력 예	A : 1 D : 3 E : 1 K : 4 S : 1 W : 1

CHAPTER

09

함수 기초

미리보기

9장에서는 자주 사용하는 기능을 하나의 모듈처럼 만들어 편리하게 사용할 수 있는 함수에 대하여 학습한다. 프로그램을 작성할 때 동일한 유형의 코드를 여러 번 작성해야 하는 경우 해당 코드를 하나의 함수로 작성하여, 해당 함수를 호출하는 것만으로도 코드를 수행할 수 있도록 한다. 함수의 사용방법과 함수의 종류, 함수 작성 방법 등에 대해 학습한다.

01. 사용자 정의 함수를 만들어 다음과 같이 '*'로 선을 그리는 프로그램을 작성하시오.

【 출력 예 】

```
****************************
C언어 대학교 IT공학부
15111789 이재혁
****************************
```

【 소스 9-1-1 】

```
#include <stdio.h>
//줄을 출력하는 line() 함수 생성
void line();
int main(void) {
    line();
    printf("C언어 대학교 IT공학부\n15111789 이재혁\n");
    line();
    return 0;
}

void line() {
    printf("****************************\n");
}
```

함수

프로그래밍에서 함수(function)란 특별한 목적의 작업을 수행하기 위해 독립적으로 설계된 프로그램의 집합으로 정의할 수 있다. C언어는 이러한 함수들로 구성되며, 포함된 함수들을 사용하여 프로그램의 목적을 달성하게 된다.

C언어에서 함수는 크게 표준 함수와 사용자 정의 함수로 구분할 수 있다. 표준 함수의 경우 표준 라이브러리 함수라고 하며 printf( ), scanf( )와 같이 C언어에 내장되어 있는 함수이다. 사용자 정의 함수의 경우 사용자가 직접 정의해서 사용하는 함수를 말한다. 위 소스 9-1-1에서 line( )을 사용자 정의 함수의 예로 들 수 있다.

함수를 사용하는 이유

1. 함수를 사용하는 가장 큰 이유는 반복적인 프로그래밍을 피할 수 있기 때문이다. 프로그램에서 특정 작업을 여러 번 반복해야 할 때에는 그 작업을 수행하는 함수를 작성해서 사용하면 된다. 프로그램에서 필요할 때마다 작성한 함수를 호출하면 해당 작업을 반복해서 수행할 수 있다.
2. 소스코드를 여러 개의 함수로 나누어 작성하면 모듈화로 인해 전체적인 코드의 가독성이 좋아진다.
3. 프로그램에 문제가 발생하거나 기능의 변경이 필요할 때 손쉽게 유지보수가 가능하다.

함수의 기본 정의

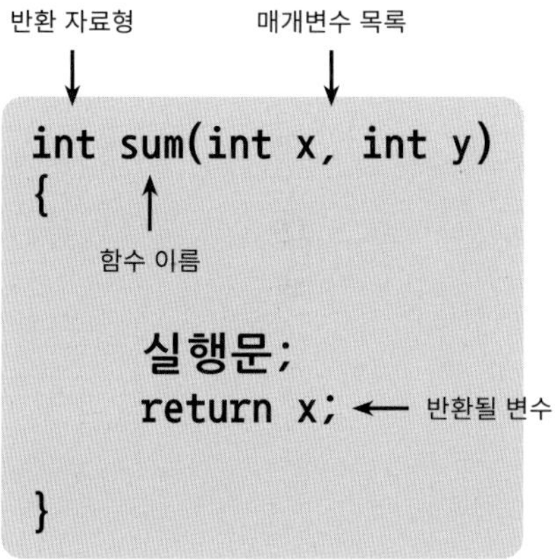

C언어에서 사용자 정의 함수를 정의하는 기본 방식은 위와 같다.

1. **반환 타입(반환 자료형)**: 함수가 모든 작업을 마치고 반환하는 데이터의 타입을 명시
2. **함수 이름**: 함수를 호출하기 위한 이름을 명시
3. **매개변수 목록**: 함수 호출 시 전달되는 인수의 값을 저장할 변수들을 명시
4. **함수 몸체**: 함수의 기능을 수행하는 실행문
5. **반환될 변수**: 함수의 반환될 값을 'return' 명령어를 통해 정의

함수 호출 시 여러 개의 인수를 전달할 수 있다. 하지만 함수가 반환할 수 있는 값은 1개를 넘지 못한다. 또한 소스 9-1-1의 'line( )' 함수와 같이 함수의 특성에 따라 인수나 반환값이 하나도 없는 함수도 존재할 수 있다.

함수 사용의 주의점

1. C 프로그램을 실행하게 되면 항상 가장 먼저 main( ) 함수를 찾아서 실행하게 된다. 그러므로 main( ) 함수는 프로그램을 작성할 때 항상 필요한 함수이다.
2. 사용자 정의 함수는 필요할 때마다 정의해서 사용한다. 사용자 정의 함수는 항상 호출부보다 위에 정의되어야 한다.
3. 사용자 함수는 기본적으로 main( ) 함수 위에 정의한 후 main( ) 함수 아래에서 구현을 한다.
4. 사용자 함수는 정의부에서 함수의 구현을 동시에 할 수 있다.

```
void line();
```

line() 함수를 정의한다. 자료형이 void형이면 기본적으로 반환되는 값이 없고 line( ) 함수 내의 실행문이 실행되고 함수가 종료되는 가장 단순한 형식의 함수이다. 함수의 정의부에서는 함수의 자료형, 이름, 변수 목록만 정의한다. 함수는 보통 main( ) 함수 위에 정의한다. 이렇게 정의된 함수는 다시 한 번 구현을 통해 함수의 실체를 작성한다.

```
void line() {
        printf("****************************\n");
}
```

소스코드에 정의된 함수는 실체를 구현해야 그 본연의 일을 수행할 수 있다. 함수의 구현은 보통 main() 함수 아래에 작성하며 함수는 꼭 정의가 되어 있어야 구현부가 작동한다는 것을 기억하자. line의 경우 printf를 통해 선을 출력하는 함수를 제공한다.

```
line();
```

함수의 호출이라고 하며 다른 함수에서 line( )과 같은 정의된 함수를 호출할 수있다. 함수가 호출되면 호출된 함수로 이동하여 함수의 내용을 실행하고 다시 호출한 곳으로 돌아온다. 위 예제는 단순히 함수에서 선을 출력하는 작업만 진행하고 인수나 리턴값은 없다.

【 소스 9-1-2 】

```
#include <stdio.h>
//줄을 출력하는 line() 함수 생성
void line() {
    printf("****************************\n");
}
```

```
int main(void) {       //메인함수, 모든 코드는 main()부터 실행
    line();  //line() 호출
    printf("C언어 대학교 IT공학부\n15111789 이재혁\n");
    line();  //line() 호출
    return 0;
}
```

```
void line() {
        printf("***************************\n");
}
```

소스 9-1-1과는 달리 line( ) 함수를 정의와 동시에 구현하였다. 프로그램을 개발하는 개발자는 소스 9-1-1의 방법과 9-1-2의 방법 중 한 가지 방법을 통해 함수를 작성할 수 있다. 하지만 보통 정의된 함수의 가독성과 유지보수를 위해 대부분의 개발자들은 소스 9-1-1과 같이 main( ) 함수 위에 함수를 정의하고 따로 구현하는 방식을 사용한다.

혼자 해보기

"안녕하세요."를 출력하는 함수를 작성하고 아래와 같이 출력하는 프로그램을 작성하시오.

【 출력 예 】

```
안녕하세요.
제이름은 C언어 입니다.
안녕하세요.
정말 반갑습니다.
안녕하세요.
저는 이곳에서 사용되는 함수 입니다.
```

02. 두 정수를 입력받아 두 정수의 합계를 반환하는 plus( ) 함수를 포함한 프로그램을 작성하시오.

【 입력/출력 예 】

입력 예:	100 200
출력 예:	100 과(와) 200의 합은 300 입니다.

【 소스 9-2 】

```
#include <stdio.h>
//두 정수를 더하는 plus 사용자 함수 정의
int plus(int x, int y)
{
    int result;                  //정수형 변수 result 선언

    result = x + y;              //x, y를 더한 값을 result에 저장
    return result;               //plus() 함수 호출 시, x+y를 저장한 result 반환
}
int main(void) {                              //메인함수, 모든 코드는 main()부터 실행
    int sum;                                  //정수형 변수 sum 선언
    int input1, input2;                       //정수형 변수 input1, input2 선언
    scanf("%d %d", &input1, &input2);
    sum = plus(input1, input2);               //plus() 호출 후 sum에 저장

    printf("%d 와 %d 의 합은 %d 입니다\n", input1, input2, sum);
    return 0;
}
```

int plus(int x, int y) { ... }

int의 반환 자료형을 가지는 plus( ) 함수를 선언하고 정수 input1과 input2를 매개변수로 받아서 저장한다. 매개변수를 통해 넘어온 값이 저장된 x와 y변수의 x+y 결과를 반환하는 함수이다. 이 함수를 호출 할 때에는 반드시 2개의 정수를 인수로 전달해야 한다.

sum = plus(input1, input2);

input1과 input2 값을 입력받은 후 plus 함수에 input1과 input2를 전달하여 plus 함수를 호출한다. 만약 input1의 값이 1, input2의 값이 2라면 plus 함수의 x의 값은 1이 되고 y의 값은 2가 된다. 결국 x+y 의 결과 값 3이 return 되며 최종적으로 sum 변수에 3이 대입된다.

변수 input1, input2의 경우 main( ) 함수의 내부 변수이기 때문에 main( ) 함수 안에서만 사용 가능하다. plus 함수의 변수 x와 y는 plus 함수의 내부 변수이기 때문에 plus( ) 함수 안에서만 사용 가능하다.

함수의 동작

만약 plus(input1, input2)를 통해 plus 함수를 호출하게 되면 새로운 공간에 plus 함수가 만들어지고 변수 x와 y의 값이 저장될 수 있는 공간도 만들어진다. 이때 input1과 x의 값은 같지만 서로 다른

저장 공간에 저장되어 있고 값만 복사해서 사용한다는 것을 알아두자. 아래는 지금까지 설명한 함수의 동작을 그림으로 나타낸 것이다.

```
scanf("%d %d", &input1, &input2);
```

함수	main()				
변수명	input1	input2			
값	1	2			

scanf( )로 input1과 input2의 값을 입력받을 때에는 main( ) 함수의 변수들만이 메모리에 저장된다.

```
sum = plus(input1, input2);
```

함수	main()		plus(int x, int y)		
변수명	input1	input2	x	y	
값	1	2	1	2	

plus( ) 함수를 호출하게 되면 위 그림과 같이 plus( ) 함수를 위한 공간이 배정되며 plus( ) 함수 안에서 정의된 정수형 변수 x와 y가 선언된다. 매개변수로 받은 input1과 input2의 데이터는 plus( ) 함수 내부에 선언된 x와 y로 복사된다. 이 때 새로운 공간에 복사되는 것을 명심하자.

혼자 해보기

두 정수를 입력받아 두 정수의 +, −, *의 결과를 반환하는 함수 3개를 만들어 결과를 출력하는 프로그램을 작성하시오

【 입력/출력 예 】

```
입력 예:   100 200

출력 예:   + : 300
           - : -100
           * : 20000
```

03. 하나의 정수를 입력받고, 입력받은 숫자를 단의 수로 하는 함수를 이용한 구구단 프로그램을 작성하시오.

【 입력/출력 예 】

```
입력 예:    7

출력 예:    7 X 1 = 7
            7 X 2 = 14
            7 X 3 = 21
            7 X 4 = 28
            7 X 5 = 35
            7 X 6 = 42
            7 X 7 = 49
            7 X 8 = 56
            7 X 9 = 63
```

【 소스 9-3 】

```
#include <stdio.h>

//입력받은 단수의 구구단을 출력하는 함수 생성
void gugudan(int dan) {
    int i;
    for (i = 1; i <= 9; i++) {
            printf("%2d X %2d = %2d\n", dan, i, dan*i);
    }
}
int main(void) {                //메인함수, 모든 코드는 main()부터 실행
    int dan;                    //정수형 변수 dan 선언
    scanf("%d", &dan);          //dan 입력받음
    gugudan(dan);               //gugudan() 함수에 dan을 전달하며 호출
    return 0;
}
```

void gugudan(int dan) { ... }

변수 dan에 정수를 넘겨받아 해당 정수의 구구단을 출력하는 함수를 작성한다.

혼자 해보기

함수를 이용한 구구단 프로그램을 작성하시오. (2~9단)

【 출력 예 】

```
2 x 1 =  2    3 x 1 =  3    4 x 1 =  4        9 x 1 =  9
2 x 2 =  4    3 x 2 =  6    4 x 2 =  8        9 x 2 = 18
2 x 3 =  6    3 x 3 =  9    4 x 3 = 12        9 x 3 = 27
2 x 4 =  8    3 x 4 = 12    4 x 4 = 16        9 x 4 = 36
2 x 5 = 10    3 x 5 = 15    4 x 5 = 20 . . .  9 x 5 = 45
2 x 6 = 12    3 x 6 = 18    4 x 6 = 24        9 x 6 = 54
2 x 7 = 14    3 x 7 = 21    4 x 7 = 28        9 x 7 = 63
2 x 8 = 16    3 x 8 = 24    4 x 8 = 32        9 x 8 = 72
2 x 9 = 18    3 x 9 = 27    4 x 9 = 36        9 x 9 = 81
```

04. 정수를 입력받아 10만큼 더 큰 수와 10만큼 더 작은 수를 출력하는 프로그램을 작성하시오.

【 입력/출력 예 】

```
입력 예:   50

출력 예:   10만큼 큰 수 : 60
           10만큼 작은 수 : 40
```

【 소스 9-4-1 】

```c
#include <stdio.h>

//10 큰 수를 반환해주는 함수 생성
int f1(int n) {
    int result;
    result = n + 10;            //n+10 반환
    return result;
}
//10 작은 수를 반환해주는 함수 생성
int f2(int n) {
    int result;
    result = n  -  10;          //n-10 반환
```

```
    return result;
}

int main(void) {                    //메인함수, 모든 코드는 main()부터 실행
    int n;                          //정수형 변수 n 선언
    int pten, mten;
    scanf("%d", &n);                //n 입력받음
    pten = f1(n);                   //f1() 함수 반환값을 pten에 저장
    mten = f2(n);                   //f2() 함수 반환값을 mten에 저장
    printf("\n10 큰 수: %d\n10 작은 수: %d\n", pten, mten);
    return 0;
}
```

int f1(int n) { ... } 와 int f2(int n) { ... }

이번 예제에서는 두 개의 함수를 정의하고 호출하는 방법에 대해서 알아본다. f1( ) 함수는 정수 n을 받아 그 정수에 10을 더한 값을 리턴하는 함수이다. f2( ) 함수는 정수 n을 받아 그 정수에서 10을 뺀 값을 리턴하는 함수이다. 각 함수는 정수형을 리턴하기 때문에 함수의 자료형은 int로 선언한다.

pten = f1(n);

정수형 변수 n에 값을 입력받아 f1의 인자값으로 넘긴다. f1( ) 함수는 정수형을 반환하는 함수이기 때문에 n의 값을 받아 그 값에 10을 더한 값을 리턴한다. 만약 n의 값이 50이라면 f1( ) 함수에 50을 넘겨주게 되고 f1( ) 함수는 60을 반환한다. 반환된 60의 값은 pten에 대입되어 pten의 값은 60이 된다.

【 소스 9-4-2 】

```
#include <stdio.h>

int add_ten(int n) {                //10 큰 수 반환 함수 생성
    return n + 10;                  //함수 호출시 n + 10 을 반환
}

int sub_ten(int n) {                //10 작은 수 반환 함수 생성
    return n - 10;                  //함수 호출시 n - 10 반환
}

int main(void) {                    //메인함수, 모든 코드는 main()부터 실행
    int n;                          //정수형 변수 n 생성
    scanf("%d", &n);                //n 값 입력
```

```
    printf("10 큰 수: %d\n", add_ten(n));// add_ten(n) 함수 호출
    printf("10 작은 수: %d\n", sub_ten(n));// sub_ten(n) 함수 호출
    return 0;
}
```

printf("10 큰 수: %d\n", add_ten(n));

소스 9-4-1을 최적화하면 소스 9-4-2처럼 코드를 작성할 수 있다. 특히 printf( ) 내에 add_ten(n) 함수를 직접 대입해주었다. 이와 같이 코드를 작성해도 add_ten( ) 함수는 입력받은 값에 대한 결과 값을 반환하고 printf( ) 함수의 %d에 정수형 값이 대입되어 출력된다.

혼자 해보기

합과 차를 각각 반환하는 함수를 작성한 후 두 정수를 입력받아 함수를 호출하여 두 수의 합과 차를 출력하는 프로그램을 작성하시오.

【 입력/출력 예 】

```
입력 예:    30 50

출력 예:    두 수의 합은 80 입니다.
            두 수의 차는 20 입니다.
```

05. 5개의 정수를 입력받아 각 정수의 절댓값의 합을 출력하는 프로그램을 작성하시오.

【 입력/출력 예 】

```
입력 예:    35 -20 10 0 55

출력 예:    120
```

【 소스 9-5 】

```
#include <stdio.h>

//값을 입력받아 절댓값을 구하는 함수
int absolute(int a) {
    if (a < 0) {
```

```
            a = a * -1;
    }
    return a;
}

//5개의 정수를 전달받아 각 정수의 절댓값의 합을 구하기 위한 함수
int Sum(int a, int b, int c, int d, int e) {
    int sum = 0;        //각 정수의 합을 저장

    //절댓값 변환 후 저장
    sum = absolute(a) + absolute(b) + absolute(c) + absolute(d) + absolute(e);
    return sum;         //Sum() 함수 호출 시 sum값 반환
}
int main(void) {                    //메인함수, 모든 코드는 main()부터 실행

            int a, b, c, d, e; //정수형 변수 선언
            int sum;            //Sum() 함수의 반환값을 저장

            scanf("%d %d %d %d %d", &a, &b, &c, &d, &e);

            sum = Sum(a, b, c, d, e);//sum에 Sum()의 반환값 저장
            printf("%d", sum); //5개 정수의 절댓값의 합 출력

            return 0;
}
```

int Sum(int a, int b, int c, int d, int e) { ... }

5개의 정수를 전달받아 각 정수의 절댓값을 구하고 그 합을 반환하는 sum( ) 함수이다. 절댓값을 구하기 위해서 absolute( ) 함수를 사용하였다. 이렇게 함수 안에서 또 다른 함수를 호출하여 사용할 수 있기 때문에 함수의 모듈화를 잘 해놓는다면 효율적으로 프로그래밍을 할 수 있다.

int absolute(int a) { ... }

값을 입력받아 변수 a에 대입한다. 이 함수는 a의 값이 음수일 때만 그 값에 −1을 곱하여 양수로 변경하는 절댓값을 구하는 함수이다.

혼자 해보기

두 개의 정수를 입력받아 큰 수의 제곱에서 작은 수의 제곱을 뺀 결과 값을 출력하는 프로그램을 작성하시오.

【 입력/출력 예 】

```
입력 예:    8 10

출력 예:    36
```

06. 지역변수와 전역변수의 차이를 알기 위해 각각 지역변수, 전역변수로 선언하고 값을 비교하는 프로그램을 작성하시오.

【 출력 예 】

```
a : 20
f1()에서의 a의 값은 : 30
f1()에서의 b의 값은 : 40
a : 30
```

【 소스 9-6 】

```
#include <stdio.h>

int a = 20;

void f1() {
    int b = 40;
    a = 30;
    printf("f1()에서의 a의 값은 : %d\n", a);
    printf("f1()에서의 b의 값은 : %d\n", b);

}

int main(void) {
    printf("a : %d\n", a);//전역변수 a의 값 20 출력
    f1();
    printf("a : %d\n", a);//전역변수 a의 값 30 출력
    return 0;
}
```

```
int a = 20;
```

변수를 선언한 위치가 함수 안이 아닌 함수 밖에 선언되어 있다. 이렇게 함수가 아닌 함수 밖에 선언된 변수를 전역변수라고 한다.

함수는 특정한 함수에 속해있는 지역변수와 함수에 속하지 않은 전역변수로 나뉜다. 지역변수의 경우 그 함수 내에서만 사용이 가능하며 그 함수가 종료되면 그 안에서 선언된 모든 변수는 자동적으로 소멸된다. 전역변수의 경우 어떠한 함수에도 속하지 않고 독립적으로 선언된다.

전역변수의 경우 변수가 선언된 위치부터 어떤 함수에서도 접근이 가능한 공유 함수라고 생각하면 된다. 전역변수는 프로그램이 시작할 때부터 끝날 때까지 소멸되지 않으며 모든 함수에서 값을 사용할 수 있다.

```
void f1() {
        int b = 40;
        a = 30;
        printf("f1()에서의 a의 값은 : %d\n", a);
        printf("f1()에서의 b의 값은 : %d\n", b);

}
```

a의 값은 현재 20이지만 f1( ) 함수에서 a의 값을 30으로 변경한다. 그러므로 a의 값은 30이 출력된다. b의 경우 f1( ) 함수에서 선언된 지역변수이다. 그러므로 f1( ) 함수가 종료되면 f1( ) 함수와 함께 소멸된다.

```
printf("a : %d\n", a);    //전역변수 a의 값 20 출력
f1();
printf("a : %d\n", a);    //전역변수 a의 값 30 출력
```

첫 번째 printf( )에서 a를 출력하면 20이 출력된다. 그 후 f1( ) 함수에서 a의 값을 30으로 변경한다. 그러므로 전역변수 a의 값은 30으로 변경된다. 이후에 printf( ) 함수에서 a를 다시 출력하면 a의 값은 30이 출력된다. 이처럼 전역변수는 모든 함수에서 공유하여 사용할 수 있는 장점이 있다.

혼자 해보기

지역변수와 전역변수의 차이를 알기 위해 작성된 코드를 보고 출력문을 예상해보시오.

【 소스코드 】

```
#include <stdio.h>

int global = 10;

void f1() {
      global += 20;
      printf("함수 내에서 전역변수 : %d\n", global);

}

int main() {
      int local = 5;

      f1();
      printf("전역변수 : %d\n", global);
      printf("지역변수 : %d\n", local);
      f1();

      return 0;
}
```

07. *로 이루어진 직각삼각형을 출력하는 함수를 작성하고 입력받은 정수를 전달하여 출력하는 프로그램을 작성하시오.

【 입력/출력 예 】

```
입력 예:    5

출력 예:    *
            **
            ***
            ****
            *****
```

【 소스 9-7 】

```
#include <stdio.h>

//입력받은 n만큼의 별을 출력하는 star() 함수 생성
void star(int n) {
    int i,j;
    //n만큼 반복
    for (i = 1; i <= n; i++) {
            //한 번 반복될 때마다 별을 하나씩 추가해서 출력
             for (j = 1; j <= i; j++) {
                     printf("*");        //* 출력
             }
             printf("\n");                //바깥쪽 반복문이 반복될 때마다 줄 바꿈
    }
}
int main(void) {                         //메인함수, 모든코드는 main()에서 시작
    int n;                               //수를 입력받기 위해 생성한 정수형 변수

    scanf("%d", &n);                     //정수형 변수 n을 입력받음
    star(n);

    return 0;
}
```

void star(int n) { ... }

정수 n을 입력받아 star( ) 변수에 전달한 후 별(*)을 이용하여 n만큼 출력하는 함수를 작성한다. 첫 번째 for문에서 n번만큼 반복을 하게 되고 두 번째 for문에서 첫 번째 for문의 변수 i의 값만큼 별을 출력하게 된다.

확인학습

01. 데이터의 크기인 비트(bit)를 입력받아 바이트(byte)로 변환하여 소수점 3째자리까지 출력하는 함수를 구현해 프로그램을 작성하시오. (1바이트 = 8비트)

입력 예	1024
출력 예	1024 bit = 128,000 byte

02. 표준 입력으로 정수 3개를 입력받고, 입력받은 정수의 합과 평균을 구하는 함수를 구현해 프로그램을 작성하시오,

입력 예	10 20 30
출력 예	합 : 60 평균 : 20

03. 초(second)를 입력받아 시간, 분, 초 단위로 나눠서 출력하는 함수를 구현해 프로그램을 작성하시오.

입력 예	500
출력 예	500초는 00 시간 08분 20초 입니다.

04. 표준 입력으로 정수 3개를 입력받아 가장 큰 수와 가장 작은 수를 출력하는 함수를 구현해 프로그램을 작성하시오.

입력 예	1 2 3
출력 예	max : 3입니다. min : 1입니다.

05. 표준 입력으로 정수를 하나 입력받고, 입력받은 정수를 2진수로 변환하여 출력하는 함수를 구현해 프로그램을 작성하시오.

입력 예	1024
출력 예	10000000000

06. 표준 입력으로 2진수를 입력받고, 입력받은 2진수를 10진수로 변환하여 출력하는 함수를 구현해 프로그램을 작성하시오.

입력 예	10000000000
출력 예	1024

07. 표준 입력으로 정수 1개를 입력받고, 입력받은 정수의 팩토리얼을 출력하는 함수를 구현해 프로그램을 작성하시오.

입력 예	5
출력 예	5! = 120

08. 1에서 10까지의 난수를 생성하여 저장한 뒤, 표준 입력으로 정수를 입력받아 저장된 난수와 비교하는 함수를 구현해 프로그램을 작성하시오.(맞으면 종료, 틀리면 계속 입력 가능)

참고

```
#include <time.t>
srand((long) time(NULL))
1 ~ n 까지의 난수 호출 :
rand() % n + 1 이용
```

입력 예	추측 답: 5 추측 답: 4 추측 답: 3 추측 답: 2
출력 예	틀렸습니다. 틀렸습니다. 틀렸습니다. 정답!!

CHAPTER

10

함수 심화, 활용

미리보기

10장에서는 함수를 활용하는 다양한 방법에 대해 학습한다. 함수의 일반적인 특징을 알아보고, 다양한 라이브러리 함수 사용법에 대해 학습한다. 또한, 함수 내에서 함수 자기 자신을 호출하는 독특한 형태의 함수에 대해서도 학습한다.

01. 5개의 정수를 배열 형태로 입력받아 오름차순으로 정렬하여 출력하는 함수를 작성하시오.

【 입력/출력 예 】

입력 예: 7 4 5 1 3

출력 예: 7 4 5 1 3
1 3 4 5 7

【 소스 10-1 】

```
#include <stdio.h>

void ascend(int n[5]) {
    int i, j, tmp;
    for ( i = 4; i > 0; i--) {
            for (j = 0; j < i; j++) {
                    if (n[j] > n[j + 1]) {
                            tmp = n[j];
                            n[j] = n[j + 1];
                            n[j + 1] = tmp;
                    }
            }
    }
}

void printList(int n[5]) {
    int i;
    for (i = 0; i < 5; i++) {
            printf("%d ", n[i]);
    }
    printf("\n");
}

int main(void) {
    int num[5];
    int i;
    for (i = 0; i < 5; i++) {
            scanf("%d", &num[i]); // 사용자로부터 입력받은 값으로 배열을 구성한다.
    }
    printList(num)
    ascend(num); // 배열 num을 인자로 하여 함수 ascend를 호출한다.
    printList(num)
```

```
    return 0;

}
```

void ascend(int n[5]) { ... }

버블 정렬을 이용하여 오름차순으로 정렬하는 함수를 작성한다.

버블 정렬 (bubble sort)

버블 정렬은 서로 인접한 두 원소를 검사하여 정렬하는 정렬 알고리즘 중 하나이다. 선택 정렬과 기본 개념은 유사하나 방식이 조금 다르다.

버블 정렬 알고리즘의 개념

1. 버블 정렬은 첫 번째 자료와 두 번째 자료를, 두 번째 자료와 세 번째 자료를, .. 이런식으로 마지막 자료-1 번째 자료와 마지막 자료를 비교하여 교환하면서 자료를 정렬한다. 오름차순 정렬에서는 첫 번째 자료와 두 번째 자료를 비교하여 작은 값이 첫 번째 자료의 자리로 오게 한다.
2. 1회전을 수행하고 나면 가장 큰 자료가 맨 뒤로 이동하기 때문에 2회전에서는 맨 끝에 있는 자료는 정렬에서 제외한다.
3. 2회전이 끝나고 나면 끝에서 두 번째 자료까지 정렬에서 제외한다.
4. 2~3번과 같은 순서로 계속해서 1회전을 수행할 때마다 정렬에서 제외되는 데이터가 하나씩 늘어난다.

입력 받은 값

num[0]	num[1]	num[2]	num[3]	num[4]
7	4	5	1	3

1. 첫 번째 회전

   0번째와 1번째를 비교하여 작은 값을 왼쪽으로 변경한다. num[0]의 값 7이 4보다 크기 때문에 0번째와 1번째의 자리를 변경해준다. 4번째 배열까지 모두 비교할 때까지 비교를 반복한다.

num[0]	num[1]	num[2]	num[3]	num[4]
4	7	5	1	3

num[0]	num[1]	num[2]	num[3]	num[4]
4	5	7	1	3

num[0]	num[1]	num[2]	num[3]	num[4]
4	5	1	7	3

num[0]	num[1]	num[2]	num[3]	num[4]
4	5	1	3	7

2. 두 번째 회전

마지막 자리를 제외하고 0번부터 3번까지 비교를 반복한다.

num[0]	num[1]	num[2]	num[3]	num[4]
4	5	1	3	7

num[0]	num[1]	num[2]	num[3]	num[4]
4	1	5	3	7

num[0]	num[1]	num[2]	num[3]	num[4]
4	1	3	5	7

3. 세 번째 회전

마지막에서 두 번째 자리까지를 제외하고 0번부터 2번까지 비교를 반복한다.

num[0]	num[1]	num[2]	num[3]	num[4]
1	4	3	5	7

num[0]	num[1]	num[2]	num[3]	num[4]
1	3	4	5	7

4. 네 번째 회전

마지막에서 세 번째 자리까지를 제외하고 0번부터 1번까지를 비교한다. 마지막 비교이므로 버블 정렬이 종료된다.

num[0]	num[1]	num[2]	num[3]	num[4]
1	3	4	5	7

```
void printList(int n[]) {
```

호출될 때 전달 받은 배열의 내용을 출력하는 함수이다. printList( ) 함수를 호출하면 멤버 인자인 배열 n은 호출할 때 전달한 배열의 참조 값을 전달받는다.

혼자 해보기

5개의 정수를 배열 형태로 입력받아 버블 정렬을 사용하여 내림차순으로 정렬하여 출력하는 함수를 작성하시오.

【 입력/출력 예 】

```
입력 예:    4 6 1 2 8

출력 예:    8 6 4 2 1
```

02. 세 과목의 점수를 입력받아 평균이 60 미만이거나 1과목이라도 40점 미만이 있으면 "불합격", 아니면 " 합격" 이라는 메시지를 아래와 같이 출력하는 프로그램을 작성하시오.

【 입력/출력 예 】

```
입력 예:    95 77 80

출력 예:    축하합니다. 합격입니다.
```

【 소스 10-2-1 】

```c
#include <stdio.h>

void test_pass(int n, int m, int j) {     // 정수형 변수 3개를 인자로 갖는 void형 함수 test_pass
    if (n < 40 || m < 40 || j < 40) {     // 입력받은 각 값이 40 미만이면,
            printf("불합격입니다.\n");     // 다음 문구를 출력한다.
    }
    else if ((n + m + j) / 3 < 60) {      // 입력받은 값의 평균값이 60 미만이면,
            printf("불합격입니다.\n");     // 다음 문구를 출력한다.
    }
    else {                                // 위 두 조건식을 통과하는 경우,
            printf("축하합니다. 합격입니다.\n");          // 합격 문구를 출력한다.
    }
}

int main(void) {
    int i, k, l;                  // 각 과목의 점수를 저장하기 위한 변수 i, k, l 선언
```

```
    scanf("%d %d %d", &i, &k, &l);                // 사용자가 입력한 값을 각 변수에 저장한다.
    test_pass(i, k, l);         // i, k, l를 함수의 인자값으로 test_pass 함수를 호출한다.
    return 0;
}
```

void test_pass(int n, int m, int j) { ... }

정수 i, k, l 3개를 입력받아 test_pass( ) 함수 n, m, j에 값에 의한 전달로 값을 넘긴다. test_pass( ) 함수는 각각 전달된 변수들에 대한 점수 판정을 시작한다.

if (n < 40 || m < 40 || j < 40)

첫 번째는 각 과목 점수의 과락 여부를 판단한다. 만약 3개의 과목 중 1개라도 40점 미만의 점수가 있으면 불합격을 출력한다.

else if ((n + m + j) / 3 < 60)

만약 첫 번째 판단에서 불합격이 아니라면 두 번째로 평균을 구한다. 만약 평균이 60점 미만이라면 불합격을 출력한다.

else

각 점수가 40점 이상이고 평균이 60점 이상이라면 합격을 출력하고 함수를 종료한다.

【 소스 10-2-2 】

```
void is_passed(int fscores[]) {
    int i, sum = 0; // 점수 총 합을 저장하기 위한 변수 sum
    int ispassed = 1;
    for (i = 0; i < 3; i++) {
            sum += fscores[i];           // 모든 점수의 합을 변수 sum에 저장한다.
            if (fscores[i] < 40) {       // 하나의 점수라도 40점 미만인 경우,
                    ispassed = 0; // 과락으로 인한 불합격 출력을 위해 값을 거짓(0)으로 변경
                    break;               // 프로그램을 종료한다.
            }
    }
    if (ispassed == 0 || (sum / 3 < 60)) { // 과락이거나 세 과목 평균 점수가 60점 미만이면,
            printf("불합격입니다.\n");    // 불합격 출력
    }
```

```
    else printf("축하합니다. 합격입니다.\n");      // 합격 출력

}

int main(void) {
    int i, scores[3];  // 정수형 값 3개를 저장할 수 있는 배열 scores 선언
    for (i = 0; i < 3; i++) {
            scanf("%d", &scores[i]);            // 배열의 각 인덱스에 값을 저장한다.
    }
    is_passed(scores); // 정수형 배열을 인자로 입력받아 통과 유무를 확인하는 함수
    return 0;
}
```

`void is_passed(int score[]) { ... }`

예제 10-2-1에서는 점수 3개에 대한 값을 각각의 변수에 받아 저장하고 함수로 전달하였다. 만약 과목의 수가 증가하면 그에 따른 변수를 모두 선언하고 함수에 모두 넘겨줘야 할까?

앞서 배열에서도 배웠지만 반복적이고 많은 양의 데이터를 저장하고 사용해야 할 경우 배열을 사용하는 것이 현명한 일일 것이다.

함수는 기본 자료형 변수뿐만 아니라 배열을 인자로 받고 배열을 데이터를 그대로 전달받을 수 있다. 이때 전달받는 배열의 데이터는 참조에 의한 전달(call by reference)로 해당 배열을 가져오기 때문에 함수를 호출할 때의 배열과 같은 메모리 공간을 사용한다.

`int ispassed = 1;`

for문을 사용하여 과목의 합을 구할 때 각 과목의 과락 여부를 판단하기 위해 선언한 변수이다. 만약 한 과목이라도 40점 미만으로 과락이 나온다면 ispassed 변수를 거짓(0)으로 변경한다.

`for (i = 0; i < 3; i++) { ... }`

for문을 이용하여 점수의 합을 구해 sum 변수에 저장한다. 또한 합을 구하는 과정에서 각 과목의 과락 여부를 체크하여 한 과목이라도 40점 미만의 값이 있다면 변수 i의 값을 거짓(0)으로 변경한다.

`if (ispassed == 0 || (sum / 3 < 60))`

'불합격입니다.'의 출력 조건은 과락의 과목이 나오거나 평균이 60점 미만일 때이다. 그러므로 먼저 ispassed 변수를 이용하여 과락을 체크하고 두 번째로 평균을 체크하여 불합격 여부를 판단한다.

```
is_passed(scores);
```

scores 배열은 3개의 정수형 자료를 포함하고 있다. is_passed( ) 함수를 호출하면서 scores 배열을 인자로 전달하면 scores 배열의 첫 번째 위치에 있는 값의 주소를 참조형으로 보내게 된다. 그러므로 is_passed(int fscores[])에서 선언되는 fscores 배열은 scores 배열을 참조하여 선언되기 때문에 같은 메모리 공간을 사용하게 된다.

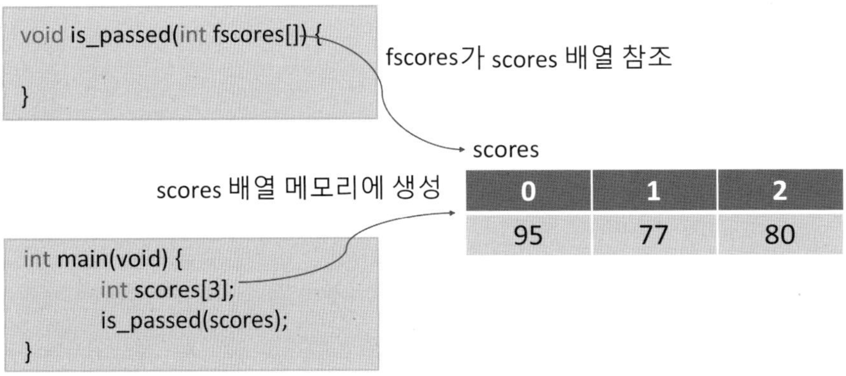

혼자 해보기

반복문을 사용하여 자신의 이름을 10번 출력하는 프로그램을 함수를 사용하여 작성하시오.

【 입력/출력 예 】

```
입력 예:    C언어

출력 예:    C언어
            C언어
            C언어
            C언어
            C언어
            C언어
            C언어
            C언어
            C언어
            C언어
```

03. 함수의 인자값에 따라 문자열을 역순으로 출력하는 함수와 문자열 내 알파벳만 대문자로 변환하는 함수를 각각 작성하시오. (대문자로 변환할 때에는 알파벳 소문자만 대문자로 변환한다.)

【 입력/출력 예 】

입력 예: abcdefgIIIQDF412

출력 예: 역순 : 214FDQIIIgfedcba
대문자로 변경 : 214FDQIIIGFEDCBA

【 소스 10-3 】

```
#include <stdio.h>
#include <string.h>

void str_reverse(char str[]) {
    int size = strlen(str); // 입력받은 문자열의 길이 저장
    int i;
    char tmp;
    for (i = 0; i < size / 2; i++) {
            tmp = str[i];
            str[i] = str[(size - 1) - i];
            str[(size - 1) - i] = tmp;
            // 배열 내 문자들의 순서를 역순으로 바꾼다.
    }
    printf("역순 : %s\n", str);
}

void str_capital(char str[]) {
    int i;
    for (i = 0; i < strlen(str); i++) {
            if (str[i] >= 'a' && str[i] <= 'z') {
                    str[i] = str[i] - 32; // 소문자의 경우 대문자로 변경한다.
            }
    }
    printf("대문자로 변경 : %s\n", str);
}
int main(void) {
    char str[50]; // 사용자로부터 입력을 받기 위한 문자형 배열 str
```

```
    scanf("%s", str); // 사용자로부터 문자열을 입력받아 str에 저장
    str_reverse(str);
    str_capital(str);
    return 0;
}
```

void str_reverse(char str[]) { ... }

문자형 배열 str을 인자로 받아온다. 배열은 예제 2에서 설명한 것과 같이 원본 배열의 주소를 참조해서 가져온다. str_reverse( ) 함수는 str 배열의 값을 반대로 나열해주는 함수이다.

```
for (i = 0; i < size / 2; i++) {
        tmp = str[i];
        str[i] = str[(size - 1) - i];
        str[(size - 1) - i] = tmp;
}
```

문자열의 중앙을 기준으로 양쪽의 글자의 위치를 변경해준다. 그러므로 반복문은 문자열 길이의 절반만 반복하면 된다.

다음 표에서 배열의 2번째 위치를 기준으로 양쪽의 값의 위치를 변경한다.

0	1	2	3	4
a	b	c	d	e

1. 0번과 4번의 위치 변경

0	1	2	3	4
e	b	c	d	a

2. 1번과 3번의 위치 변경

0	1	2	3	4
e	d	c	b	a

void str_capital(char str[]) { ... }

문자열을 받아와 알파벳 소문자만 대문자로 변경하는 함수이다.

```
if (str[i] >= 'a' && str[i] <= 'z') {
        str[i] = str[i] - 32;
}
```

C언어에서 문자의 표현은 기본적으로 아스키코드를 사용한다. 기본적으로 char 자료형은 정수 계산을 하지만 이를 문자열 포맷인 '%c' 또는 '%s'으로 출력 시 해당 정수와 매칭되는 문자를 출력한다. 아스키코드에서 대문자 'A'–'Z'는 정수 65 ~ 90 사이에서 표현되며 소문자 'a'–'z'는 정수 97 ~ 122 사이에서 표현된다. 아스키코드는 11장 문자열에서 자세히 다룰 예정이다.

받아온 문자열을 한 문자씩 탐색하면서 'a' 부터 'z' 사이, 즉 알파벳 소문자일 경우에만 대문자로 변경해준다. 아스키코드표에서 소문자에서 32를 뺀 값은 대문자이다.

혼자 해보기

위 문제에서 사용한 strlen 함수는 문자형 배열의 길이를 리턴하는 함수이다. strlen 함수를 직접 구현하고 구현한 함수를 이용하여 사용자가 입력한 문자열의 길이를 구하시오. (문자 '\0'를 사용하여 배열 내 값이 저장되지 않은 인덱스를 확인할 수 있다)

【 입력/출력 예 】

```
입력 예:    abcdefgggh

출력 예:    10
```

04. 두 점 (x1, y1), (x2, y2)를 입력받아 두 점 사이의 길이를 구하는 함수를 작성하시오.

【 입력/출력 예 】

```
입력 예:    1 3 2 6

출력 예:    3.16
```

【 소스 10-4 】

```
#include <stdio.h>
#include <math.h>

double point_length(int x1, int y1, int x2, int y2) {
    int width, height;
```

```
    double length;
    width = abs(x1 - x2);
    height = abs(y1 - y2);
    length = sqrt((width * width) + (height * height));
    return length;
}

int main(void) {
    int x1, y1, x2, y2;
    scanf("%d %d %d %d", &x1, &y1, &x2, &y2);
    printf("%.2f\n", point_length(x1, y1, x2, y2));
    return 0;
}
```

double point_length(int x1, int y1, int x2, int y2) { ... }

두 점 (x1, y1), (x2, y2)를 정수형 변수로 전달받아 두 점 사이의 길이를 계산하는 함수를 작성한다. 두 점 사이의 길이 계산식은 아래와 같다.

$$c = \sqrt{(x2\ - x1)^2 - (y2\ - y1)^2}$$

두 점 사이의 거리를 구하기 위해서는 제곱근을 구해야 한다. C언어에서 제곱근을 구하기 위해서는 math 라이브러리의 sqrt( ) 함수를 사용하면 된다. math 함수들의 경우 math.h에 선언되어 있다.

math 라이브러리는 수학에 관련된 함수를 가지고 있다. 대표적인 math 함수는 아래와 같다.

함수	함수원형	설명
abs	int abs(int n)	절댓값
pow	int pow(double x, double y)	x의 값을 y만큼 제곱한다.
sin	double sin(double x)	사인
cos	double cos(double x)	코사인
tan	double tan(double x)	탄젠트
sqrt	double sqrt(double x)	x의 제곱근을 구한다.

혼자 해보기

사용자로부터 임의의 정수값 2개를 입력받고 첫 번째 값을 두 번째 값만큼 제곱한 결과를 리턴하는 함수를 작성하시오. 또, 입력받은 값이 음수인 경우 양수로 변환하시오.

【 입력/출력 예 】

```
입력 예:    4 3

출력 예:    64
```

05. 배열의 모든 원소 중에서 제곱근이 실수가 아닌 값만을 출력하는 함수를 작성하고, 사용자로부터 임의의 정수 10개를 입력받은 뒤 배열에 저장하고 해당 배열을 인자로 위 함수를 호출하여 결과를 확인하시오.

【 입력/출력 예 】

```
입력 예:    1 2 3 4 5 6 7 8 9 10

출력 예:    1 4 9
```

【 소스 10-5 】

```c
#include <stdio.h>
#include <math.h>

void is_sqrt(int arr[10]) {
    int i;
    int int_num;
    double double_num;
    for (i = 0; i < 10; i++) {
            int_num = (int)sqrt(arr[i]);
            double_num = sqrt(arr[i]);
            if (int_num == double_num) printf("%d ", arr[i]);
    }
}

int main(void) {
    int num_arr[10];
```

```
    int i;
    for (i = 0; i < 10; i++) {
            scanf("%d", &num_arr[i]);
    }
    is_sqrt(num_arr);
    return 0;
}
```

void is_sqrt(int arr[10]) { ... }

배열 arr를 전달받아 해당 배열의 값을 모두 탐색한다. 배열의 각 값에 대한 제곱근을 sqrt( ) 함수를 이용하여 구한다. 구해진 제곱근을 이용하여 정수형인지 실수형인지 판단한 후 정수형 값만 출력한다.

```
int_num = (int)sqrt(arr[i]);
double_num = sqrt(arr[i]);
```

제곱근이 정수형인지 실수형인지를 판단하기 위해 2개의 변수에 제곱근 결과 값을 저장한다. int_num은 int형으로 제곱근의 결과 값을 대입한다. sqrt(arr[i])가 실수형이라면 int형으로 형 변환 시 소수점이 제거된 후 int_num 변수에 대입된다. double_num 변수에는 실수형 제곱근 값이 그대로 저장된다. 결국 int_num과 double_num의 값을 비교하여 두 값이 다르면 arr[i]의 값의 제곱근은 실수형이라는 것을 알 수 있다.

혼자 해보기

−100 ~ 100 사이의 임의의 수 10개를 사용자로부터 입력받고, 해당 값들의 절댓값의 총합, 평균값을 출력하는 프로그램을 1개의 함수를 사용하여 작성하시오. (평균은 소수점 둘째 자리까지 표시한다.)

【 입력/출력 예 】

```
입력 예:    -22 40 31 9  - 7 87  - 45  - 62 77 -12

출력 예:    총합 : 392
            평균 : 39.20
```

06. m를 입력받아 피트, 인치, 야드로 변환하여 리턴하는 함수를 작성하시오. 단, 하나의 함수로 3개의 변환을 수행할 수 있어야 한다.(1m는 약 3.2피트, 39.37인치, 1.090야드이며, 단위는 소수점 둘째 자리까지 표시하도록 한다.)

【 입력/출력 예 】

```
입력 예:    2.5

출력 예:    피트 : 8.00
            인치 : 98.42
            야드 : 2.73
```

【 소스 10-6 】

```c
#include <stdio.h>

double trans(double meter, char n) {
    switch(n) { // switch문을 사용하여 인자 n에 따라 다른 값을 리턴한다.
    case 'P':
            return meter * 3.2;
            break;
    case 'I':
            return meter * 39.37;
            break;
    case 'Y':
            return meter * 1.09;
            break;
    }
}

int main(void) {
    double m;            // 사용자로부터 입력받은 값을 저장하기 위한 실수형 변수 m
    scanf("%lf", &m);    // 입력받은 실수형 값을 변수 m에 저장한다.
    printf("피트 : %.2f\n", trans(m, 'P'));
    printf("인치 : %.2f\n", trans(m, 'I'));
    printf("야드 : %.2f\n", trans(m, 'Y'));
    // 각 단위로 변환하기 위해 함수의 두 번째 인자값을 다르게 부여하여 호출한다.
    return 0;
}
```

```
double trans(double meter, char n) { ... }
```

정수 m을 입력받아 피트, 인치, 야드로 변환하기 위한 trans( ) 함수를 선언한다. 멤버 인자로는 사용자로부터 입력받은 m 값을 처리하기 위한 실수형 인자값인 meter를 사용하고 두 번째 인자 n의 값에 따라 길이를 변환하는 방식이 다르도록 한다. 두 번째 인자의 경우 'P', 'I', 'Y' 세 개의 문자열에 따라 각각의 계산하는 방법을 달리한다.

혼자 해보기

점수를 입력하면 점수를 바탕으로 학점을 판단하여 리턴하는 함수를 작성하시오. -1을 입력하면 프로그램을 종료하도록 한다. (함수 내에서 학점 출력을 하지 않고, 리턴값으로 char 형식의 값을 반환하여야 한다.)

점수	학점
100 ~ 90	A
89 ~ 80	B
79 ~ 70	C
69 ~ 60	D
59 ~ 0	F

【 입력/출력 예 】

```
입력 예:    77
출력 예:    당신의 학점은 E 입니다.

입력 예:    97
출력 예:    당신의 학점은 A 입니다.
```

07. 정수를 입력받아 그 수만큼 'Hello, World'를 출력하는 프로그램을 작성하시오.

【 입력/출력 예 】

```
입력 예:    5

출력 예:    Hello, world - 5
            Hello, world - 4
            Hello, world - 3
```

```
Hello, world - 2
Hello, world - 1
```

【 소스 10-7 】

```c
#include <stdio.h>

void hello(int n) {
    if (n == 0) return;
    printf("Hello, world - %d\n", n);
    hello(--n);
}

int main(void) {
    int num;
    scanf("%d", &num);
    hello(num);
    return 0;
}
```

void hello(int n) { ... }

hello( ) 함수는 함수 안에서 다시 한번 자기 자신을 호출하고 있다. hello( ) 함수는 호출될 때 전달받은 맴버변수 n의 값이 0이라면 hello 함수를 호출하지 않고 함수를 종료한다. 만약 n의 값이 0이 아니라면 'Hello, world'를 출력하고 n의 값을 1씩 감소시키면서 hello( ) 함수를 다시 호출한다. 이때 감소시킨 n의 값을 전달한다. hello( ) 함수는 재귀 호출이 일어날 때마다 n에 들어있는 값이 1씩 감소하기 때문에 결국 n의 값이 0이 되면 재귀 호출을 끝낸다.

이러한 방식을 재귀 호출(recursive call)이라고 한다. 재귀 호출은 일반적인 상황에서는 잘 사용하지 않지만 알고리즘을 구현할 때 매우 유용하게 사용할 수 있다. 알고리즘에 따라서 반복문으로 구현한 코드보다 재귀 호출로 구현한 코드가 좀 더 직관적이고 이해하기 쉬운 경우가 있다.

```
void hello(int n) {
        if (n == 0) return;
        print("Hello, world - %d₩n", n);
        hello(--n);
}
```

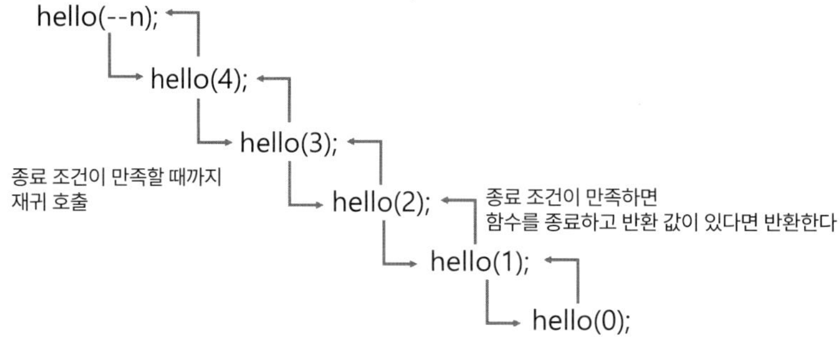

위 그림과 같이 hello( ) 함수는 종료 조건이 만족할 때까지 계속해서 hello( ) 함수를 재귀 호출한다. 만약 재귀 호출된 함수 중 조건을 만족하는 함수가 발생하면, 더 이상 함수를 호출하지 않고 종료하게 된다. 이때 반환할 값이 있다면 자신을 호출한 함수로 다시 반환값을 돌려준다. 반환 순서는 호출 순서의 반대로 진행된다.

혼자 해보기

사용자로부터 임의의 양의 정수 n을 입력받고, 1부터 입력받은 수까지의 총합을 구하여 리턴하는 함수를 재귀함수 형태로 작성하시오.

【 입력/출력 예 】

입력 예:	6
출력 예:	21

08. 임의의 정수 n을 사용자로부터 입력받고, n번째 피보나치 수열을 출력하는 프로그램을 재귀함수를 사용하여 작성하시오.

【 입력/출력 예 】

입력 예:	8
출력 예:	21

【 소스 10-8 】

```
#include <stdio.h>

int fibo(int n) {
    if (n > 2) return fibo(n - 1) + fibo(n - 2);
    else if (n == 1 || n == 2) return 1;
}

int main(void) {
    int n;
    scanf("%d", &n);
    printf("%d", fibo(n));
    return 0;
}
```

int fibo(int n) { ... }

호출한 곳으로부터 전달받은 n의 값을 이용하여 피보나치 수열을 출력한다. 피보나치 수열의 기본 규칙은 처음 두 항은 1이고 세 번째 항부터 이전 두 항의 합이 된다. 1, 1, 2 다음부터 1+2가 다음 항이 된다. 그 다음은 2+3이므로 5가 된다. 피보나치 수열을 숫자로 나열해보면 아래와 같다.

```
1, 1, 2(1+1), 3(1+2), 5(2+3), 8(3+5), 13(5+8), 21(8+13), 34(13+21), 55(21+34), ......
```

이것을 기반으로 피보나치 수열의 알고리즘을 작성할 수 있다.

1. n의 값이 5라면 5번째 자리의 피보나치 값을 구하면 된다. 그러므로 5번째 자리를 기준으로 3번째와 4번째 자리의 값을 구해서 더해야 한다. 5번째 자리의 값은 fibo(3) + fibo(4)를 통해 구할 수 있다.
2. fibo(3)과 fibo(4)의 값 또한 fibo 함수를 통해 구해야 한다. 예를 들어 fibo(3)을 호출한다는 것은 3번째 자리의 값을 구하는 것과 같은 의미이다. 그러므로 3번째 자리의 값은 1번째와 2번째 자리의 합이 된다. 다시한번 fibo(1) + fibo(2)의 결과를 얻기 위해 두 개의 fibo(1), fibo(2) 함수를 호출한다.
3. 이렇게 자릿수의 값이 1이나 2가 될 때까지 계속해서 fibo( ) 함수를 호출하며 n의 값이 1이나 2이면 1을 반환하고 함수를 종료한다.

위에서 설명한 내용을 그림으로 나타내면 아래와 같다.

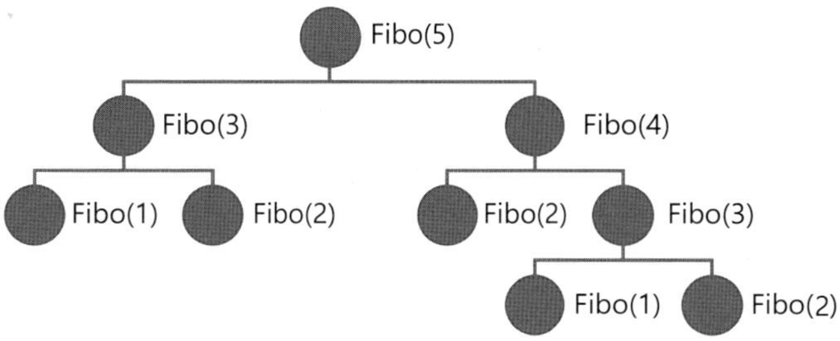

혼자 해보기

9자리 이하의 자연수를 입력받아 재귀함수를 이용하여 각 자리 숫자들의 합을 출력하는 프로그램을 작성하시오.

【 입력/출력 예 】

입력 예:	123456789
출력 예:	45

확인학습

01. 입력받은 인자 2개와 사칙연산 기호를 바탕으로 사칙연산을 수행하는 함수를 4개 선언하고, 해당 함수들을 사용하여 계산기 프로그램을 구현하시오. (나눗셈의 경우 소수점 둘째 자리까지 출력한다.)

입력 예	8 12 -
출력 예	-4
입력 예	7 33 *
출력 예	231

02. 실수 값 2개를 인자로 입력받아 두 수의 정수 부분에 해당하는 값의 합을 리턴하는 함수를 작성하시오.

입력 예	5.67 2.99
출력 예	7

03. 참조에 의한 호출을 사용하여 리턴값 없이 변수 sum에 합을 저장하는 함수를 작성하고 해당 함수를 이용하여 사용자로부터 입력받은 값 2개의 합을 구하시오.

입력 예	43 25
출력 예	68

04. 정수 값 2개와 나머지 값 저장을 위한 정수형 변수 주소를 인자로 입력받아 정수를 나눗셈한 몫은 함수를 통해 리턴하고, 나머지는 참조에 의한 호출을 통해 인자로 불러들인 정수형 변수에 저장한다. 해당 함수의 첫 번째, 두 번째 인자값으로 임의의 값을 입력하고 몫과 나머지를 출력하시오.

입력 예	8 5
출력 예	몫 : 1 나머지 : 3
입력 예	25 7
출력 예	몫 : 3 나머지 : 4

05. 임의의 정수 n을 입력받아 n의 약수의 개수를 출력하는 프로그램을 작성하시오.

입력 예	30
출력 예	8개

06. 앞의 8번 예제 소스코드를 참조하여 n번째 피보나치 수열을 구하는 소스코드를 작성하되, n번째 피보나치 수열까지의 모든 피보나치 수열의 합을 출력하는 코드를 작성하시오.

입력 예	6
출력 예	8 20

CHAPTER

11

문자열

미리보기

11장에서는 여러 개의 문자로 구성되는 문자열을 C언어에서 처리하는 방법들에 대하여 살펴본다. 문자의 기본적인 특징을 살펴보고, 문자형 배열을 활용하여 문자열을 저장하고, 입출력하는 다양한 방법을 학습한다.

01. 알파벳 'A'부터 'Z'까지 출력하는 프로그램을 작성하시오.

【 출력 예 】

```
A B C D E F G H I J K L M N O P Q R S T U V W X Y Z
```

【 소스 11-1 】

```
#include <stdio.h>

int main(void) {
    int i;
    char A = 65;
    for (i = 0; i < 26; i++) {
            printf("%c ", A + i);
    }
    return 0;
}
```

아스키코드 (ASCII)

아스키코드는 미국 ANSI에서 표준화한 정보 교환용 7비트 부호 체계이다. 컴퓨터의 언어는 결국 0과 1로 이루어진 숫자이다. 따라서 프로그램이나 다른 컴퓨터와 통신을 하기 위해서는 컴퓨터에서 문자와 기호가 해당 숫자 표현으로 변환되어야 하는 필요가 있다.

아스키코드는 128개의 숫자가 각각의 문자에 할당되어 있다. 문자 할당에 대한 표는 아래와 같다.

아스키코드	설명	예제
0	빈 문자	NULL
10	개행, 줄 바꿈	ENTER(개행)
32	스페이스(공백)	Space bar(공백)
33 ~ 47 58 ~ 64 91 ~ 96 123 ~ 126	특수문자	'!' – 33 '#' – 35 '(' – 40
48 ~ 57	숫자	'0' – 48 '1' – 49 '2' – 50

아스키코드	설명	예제
65 ~ 90	A부터 Z까지 알파벳 대문자	'A' – 65 'C' – 67
97 ~ 122	a부터 z까지 알파벳 소문자	'a' – 97 'z' – 122

```
char A = 65;
```

char 자료형 A에 정수 65를 대입하였다. 이렇게 대입된 정수는 아스키코드로 변환하면 대문자 'A'와 같다.

```
for (i = 0; i < 26; i++) {
        printf("%c ", A + i);
  }
```

A부터 Z까지 출력하기 위하여 for문을 26번 반복한다. char형으로 선언한 자료형은 '%c' 문자열 포맷으로 출력하면 아스키코드의 문자가 출력되며 '%d' 문자열 포맷으로 출력하면 아스키코드의 정수가 출력된다. 만약 char 변수 A에 정수 66을 대입하면 해당 정수는 아스키코드에서 문자 'B'를 나타낸다. 그러므로 '%c'로 출력할 시 알파벳 대문자 'B'가 출력되며 '%d'로 출력하면 정수 66이 출력된다.

반복문을 26번 반복하면서 매 반복 시 변수 A에 i 값을 더해준다. 알파벳은 65–'A'부터 90–'Z'까지로 구성되어 있다. i의 값이 매 반복마다 증가하므로 알파벳 'A'에서 'Z'까지 출력이 가능하다.

혼자 해보기

알파벳 소문자, 대문자, 숫자 0–9 중 하나가 주어졌을 때, 주어진 문자의 아스키코드값을 출력하는 프로그램을 작성하시오.

【 입력/출력 예 】

```
입력 예:   A

출력 예:   65
```

02. 반복적으로 문자열을 입력받고 그대로 출력하는 프로그램을 작성하시오. 단 문자 'q'를 입력받으면 종료된다.

【 입력/출력 예 】

입력 예: asdEFG

출력 예: asdEFG

입력 예: q

출력 예: 프로그램을 종료합니다.

【 소스 11-2 】

```
#include<stdio.h>
int main(void) {
    char str[100];

    while (1) {
            scanf("%s",str);

            if (str[0] == 'q' && str[1] == '\0') {
                    printf("프로그램을 종료합니다.\n");
                    break;
            } else {
                    printf("%s\n", str);
                    printf("\n");
            }
    }
    return 0;
}
```

scanf("%s",str);

문자열 배열 str의 공간을 100만큼 선언한 후 str 변수에 문자열을 입력받는다. "%s"는 문자열을 입력받기 위해 사용하는 포맷 형식이다.

if (str[0] == 'q' && str[1] == '\0') { ... }

문자열을 입력받은 후 문자열의 맨 처음 값이 'q' 이면 프로그램을 종료한다. str[1] == '\0'은 문자열 입력값이 'q' 하나인지 아니면 'q'를 포함한 문자열인지를 판단한다. 만약 '\0' 체크를 하지 않으면

'queen'이라고 입력을 해도 문자열의 맨 앞 문자열인 str[0]이 'q'이기 때문에 프로그램이 종료될 수 있다.

혼자 해보기

표준 입력으로 문자열을 입력받고 같은 문자열을 이어서 두 번 출력하는 프로그램을 작성하시오.

【 입력/출력 예 】

```
입력 예:    ABC

출력 예:    ABCABC
```

03. 알파벳 소문자와 대문자로만 이루어진 길이가 N인 문자열을 입력받는다. 한 줄에 10 글자씩 끊어서 출력하는 프로그램을 작성하시오. (단, 문자의 최대 길이는 100)

【 입력/출력 예 】

```
입력 예:    asdjalASDJKLASDJAKL

출력 예:    asdjalASDJ
            KLASDJAKL
```

【 소스 11-3 】

```
#include <stdio.h>

int main()
{
    char str[101];
    int i;

    scanf("%s", str);

    for (i = 0; str[i] != '\0'; i++)
    {
            if (i != 0 && i % 10 == 0) printf("\n");
```

```
            printf("%c", str[i]);
    }
}
```

for (i = 0; str[i] != '\0'; i++) { ... }

for 반복문을 이용하여 문자열의 각각의 문자를 하나씩 출력한다. 문자열의 끝에는 항상 '\0'이 오기 때문에 for 반복문의 조건식을 str[i] != '\0'으로 해놓으면 문장이 마지막이 될 때까지 실행문을 반복한다.

if (i != 0 && i % 10 == 0)

첫 번째 문자가 아니고 문자의 개수(i의 값)가 10개가 되면 줄 바꿈을 한다. 만약 조건을 만족하지 않는다면 줄 바꿈을 실행하지 않고 바로 str[i] 값을 출력한다.

혼자 해보기

알파벳 소문자와 대문자로만 이루어진 길이가 N인 단어가 주어진다. 첫 번째 줄은 1문자이고 두 번째 줄부터는 1문자씩 추가되어 출력하는 프로그램을 작성하시오. (단, 문자의 최대 길이는 100)

【 입력/출력 예 】

```
입력 예:   abcdefgABCDEFGH

출력 예:   a
           bc
           def
           gABC
           DEFGH
```

---

04. 문자열을 입력받아서 문자열의 길이를 구하고 입력받은 역순으로 출력하는 프로그램을 작성하시오.

【 입력/출력 예 】

```
입력 예:    abcdef

출력 예:    입력받은 문자열 : abcdef
            입력받은 문자열의 길이 : 6
            역순 출력 : fedcba
```

【 소스 11-4 】

```
#include <stdio.h>
#include <string.h>

int main() {
    char str1[100];
    char str2[100];
    int count, i;

    scanf("%s", str1);
    count = strlen(str1);

    for (i = 0; i < count; i++) {
            str2[i] = str1[count - (i + 1)];
    }
    str2[count] = '\0';

    printf("입력받은 문자열 : %s\n",str1);
    printf("입력받은 문자열의 길이 : %d\n",count);
    printf("역순 출력 : %s\n", str2);
}
```

```
char str1[100];
char str2[100];
```

str1은 문자열을 입력받기 위해 선언한 배열이다. str2는 문자열을 역순으로 변경하여 저장하기 위한 추가적인 배열 변수이다.

```
count = strlen(str1);
```

함수 strlen( )은 해당 인자값의 문자열 길이를 계산하여 반환하는 함수이다. 만약 str1의 입력값이 'abcd'라면 strlen(str1)의 결과는 4가 된다.

기본적으로 문자열을 입력받기 위해서는 배열의 크기를 입력받는 문자의 수를 감안하여 크게 선언한다. str1의 경우에도 char 배열의 크기는 100으로 선언하였다. 하지만 문자열의 입력은 그것보다 작은 숫자로 받는 경우가 많기 때문에 몇 개의 문자를 입력받았는지 알 필요가 있다. 특히 입력받은 문자열을 수정하기 위해서는 문자열의 길이가 필수로 필요하기 때문에 문자열의 길이를 구하는 함수 strlen( )은 매우 유용하게 사용된다.

strlen( ) 함수는 string.h 라이브러리에서 관리되고 있기 때문에 strlen( )을 사용하기 위해서는 string.h 헤더파일을 꼭 포함시켜줘야 한다.

```
for (i = 0; i < count; i++) {
        str2[i] = str1[count - (i + 1)];
}
```

입력받은 문자열의 길이만큼 반복한다. str1 문자열의 순서를 뒤집어 str2에 대입한다. 이렇게 하면 str1의 역순 문자열이 새로운 배열 str2에 저장되므로 원본 str1의 값을 보존할 수 있다.

혼자 해보기

문자열을 입력받아서 아스키코드를 기준으로 문자열을 오름차순으로 정렬하시오.

【 입력/출력 예 】

입력 예:	fAtqBEz
출력 예:	ABEfqtz

---

05. 문자열을 선언하고 "School of information Technology"로 초기화한 후 0~31 사이의 정수 3개를 입력받아 문자열에서 해당하는 위치의 문자를 차례로 출력하는 프로그램을 작성하시오. (첫 문자의 위치는 0이다.)

【 입력/출력 예 】

입력 예:	1 5 7
출력 예:	c l o

【 소스 11-5 】

```
#include <stdio.h>


int main(void) {
    int su[3], i;
    char str[50] = "School of information Technology";
    for (i = 0; i < 3; i++) {
            scanf("%d", &su[i]);
    }
    for (i = 0; i < 3; i++) {
            printf("%c ", str[su[i]]);
    }
    printf("\n");

    return 0;
}
```

```
int su[3];
char str[50];
```

문자열 배열 str에서 특정 위치의 값을 출력한다. 대상이 되는 문자열인 'School of information Technology' 문자열을 저장할 문자형 배열 변수 str을 선언하고 출력할 배열의 위치를 저장하는 정수형 배열 su를 선언한다.

```
for (i = 0; i < 3; i++) {
        scanf("%d", &su[i]);
}
```

str 문자열에서 해당 위치의 문자를 출력하기 위해 입력받을 위치 값 1, 5, 7을 su 배열에 입력받는다.

```
for (i = 0; i < 3; i++) {
        printf("%c ", str[su[i]]);
}
```

str 배열에서 추출하고자 하는 문자의 위치를 su 배열 값을 통해 얻어 온 후 그 위치의 문자를 출력한다. 만약 su[0] 의 값이 1이라면 str은 str[1]이 되므로 1번째 문자인 c가 출력된다.

혼자 해보기

자신의 영문이름을 띄어쓰기 없이 입력받고 이니셜을 추출하기 위한 숫자를 입력받아 이니셜을 출력하는 프로그램을 작성하시오.

【 입력/출력 예 】

입력 예: 영문이름 입력 >> LeeJaeHyeok
0 3 6

출력 예: L J H

06. 100 글자 이하의 문자열을 입력받아 대문자는 소문자로, 소문자는 대문자로 변환하여 출력하는 프로그램을 작성하시오.

【 입력/출력 예 】

입력 예: aBcD

출력 예: AbCd

【 소스 11-6 】

```
#include <stdio.h>
#include <string.h>
#include <ctype.h>

int main(void) {
    int i, len;
    char st[101];

    scanf("%s", st);
    len = strlen(st);

    for (i = 0; i < len; i++) {
            if (isupper(st[i])) {
                    st[i] = tolower(st[i]);
            }
            else if (islower(st[i]))
```

```
            {
                        st[i] = toupper(st[i]);
            }
    }
    printf("%s \n", st);
    return 0;
}
```

```
char st[101];
```

문자를 100개까지 입력받아야 하기 때문에 st 배열의 크기를 101로 선언하였다. C언어에서 문자열의 마지막에는 항상 NULL 값이 삽입된다. 만약 크기를 100으로 한다면 마지막 100번째는 NULL이 삽입되어야 하기 때문에 99개의 문자밖에 입력할 수 없다. 그러므로 str의 크기를 101로 선언한다.

```
if (isupper(st[i])) {
        st[i] = tolower(st[i]);
}
else if (islower(st[i]))
{
        st[i] = toupper(st[i]);
}
```

입력받은 문자의 대소문자 판별을 위해 isupper( ) 함수와 islower( ) 함수를 사용하였다. 이 두 함수는 모두 ctype.h에 선언되어 있는 함수로 넘겨받은 문자가 대문자인지 소문자인지를 구분해준다.

ctype.h는 C언어의 표준 라이브러리로, 문자들이 조건에 맞는지 검사하고 변환하는 함수들을 포함하고 있다. 특별히 자주쓰는 함수들은 아니므로 문자와 관련된 함수를 찾을 때만 ctype을 찾아보는 것도 좋은 방법이다.

isupper( ) 함수를 통해 입력받은 문자가 대문자라면 그 문자를 소문자로 변경해준다. 문자를 소문자로 변경할 때에는 ctype 라이브러리의 tolower( ) 함수를 사용한다. 반대로 문자를 대문자로 변경할 때에는 toupper( ) 함수를 사용하면 된다. ctype에서 제공되는 함수를 통해 문자의 대소문자 여부와 변경을 손쉽게 할 수 있다.

앞으로도 많은 C언어 표준 라이브러리가 나올 예정이다. 표준 라이브러리는 프로그래밍을 하면서 유용한 함수들을 많이 포함하고 있다. 그러므로 어떤 기능을 만들기 전에 표준함수가 있는지 여부부터 검색해보면 프로그래밍하는 데 큰 도움이 될 수 있다.

혼자 해보기

문자열을 입력받아 대문자와 소문자를 구분하여 각각 순서대로 정렬하는 프로그램을 작성하시오.

【 입력/출력 예 】

```
입력 예:    aBrtqAfKTuZ

출력 예:    소문자만 정렬 : afqrtu
            대문자만 정렬 : ABKTZ
```

07. 문자열 길이가 50을 넘지 않는 두 개의 문자열을 입력받아서 순서를 바꾸어 하나로 합치는 프로그램을 작성하시오.

【 입력/출력 예 】

```
입력 예:    ABCD EFGH

출력 예:    EFGHABCD
```

【 소스 11-7 】

```
#include <stdio.h>

int main(void) {
    char st1[50], st2[50];

    scanf("%s %s", st1, st2);
    printf("%s%s", st2, st1);

    return 0;
}
```

printf("%s%s", st2, st1);

두개의 문자열을 변수 st1, st2에 입력받고 printf( ) 함수에서 입력받은 문자열을 입력받은 반대 순서로 출력한다. 첫 번째 입력받은 수를 st1에 저장하고 두 번째 입력받은 수를 st2에 저장한다. 그 후 printf( ) 함수에서 st2, st1 순으로 출력함으로써 원하는 결과를 얻을 수 있다.

【 소스 11-8 】

```
#include <stdio.h>
#include <string.h>

int main(void) {
    char st1[50], st2[50], st3[100];

    scanf("%s %s", st1, st2);

    strcpy(st3, st2);
    strcat(st3, st1);

    printf("%s\n", st3);

    return 0;
}
```

strcpy(st3, st2);

strcpy( ) 함수는 string.h 라이브러리에 포함되어 있는 함수로 문자열을 복사할 때 사용한다. 'strcpy(st3, st2);'는 st3 문자열 배열에 st2를 복사한다는 의미이다. string.h는 문자열과 관련된 함수를 모아놓은 라이브러리로 문자열의 변형, 복사 등을 하기 위해서는 보통 string.h 라이브러리의 함수들을 검색해 본다. st3에 st2를 복사하는 이유는 입력받은 배열 st1과 st2를 st2->st1 순서대로 새로운 st3 배열에 저장하기 위해서이다.

strcat(st3, st1);

위 strcpy( ) 함수에서 이미 st3에 st2를 복사하였다. 마지막으로 st3의 뒤에 st1 문자열이 오면 본 예제에서 원하는 결과를 얻을 수 있다. 기존 문자열에 다른 문자열을 이어 붙이기 위해서는 string.h 라이브러리의 strcat( ) 함수를 사용한다. 'strcat(st3, st1);'을 수행하면 st3 문자열 뒤에 st1의 문자 내용을 이어 붙인다. 만약 st3가 "EFGH" 이고 st1이 "ABCD"라면 strcat( )을 수행한 결과 st3의 값은 "EFGHABCD"가 된다.

혼자 해보기

문자열을 연속으로 입력받고 'q'를 입력하면 프로그램을 종료한다. 입력받은 문자열을 하나의 문자열로 출력하는 프로그램을 작성하시오.

【 입력/출력 예 】

```
입력 예:    ABC
            123
            QWE
            q

출력 예:    ABC123QWE
```

08. 문자열의 길이가 20을 넘지않는 두 개의 문자열을 배열에 입력하고 두 배열이 같으면 0, 다르면 -1을 출력하는 프로그램을 작성하시오

【 입력/출력 예 】

```
입력 예:    ABC
            ABC
출력 예:    0

입력 예:    ABC
            123
출력 예:    -1
```

【 소스 11-8 】

```
#include <stdio.h>
#include <string.h>

int main(void)
{
    char str1[20];
    char str2[20];

    scanf("%s",str1);
    scanf("%s",str2);
```

```
    if (strcmp(str1, str2) == 0) {
            printf("0\n");
    }
    else {
            printf("-1\n");

    }

    return 0;
}
```

if (strcmp(str1, str2) == 0) { ... }

strcmp( ) 함수는 보통 두 문자열을 비교할 때 많이 쓰인다. 만약 두 문자열이 같다면 0을 반환하고 같지 않다면 0이 아닌 값을 반환한다. strcmp( ) 함수도 다른 문자 관련 함수와 마찬가지로 string.h에서 관리하는 함수이다.

혼자 해보기

10개의 문자열을 입력받고 같은 문자열의 개수를 출력하는 프로그램을 작성하시오.

【 입력/출력 예 】

입력 예:

```
ABCDEF
abcdef
1234567
abcdef
efeweoq
1234567
aabcdef
abcdef
ABCDEF
abcdef
```

출력 예:

```
ABCDEF : 2
abcdef : 4
1234567 : 2
```

09. 두 개의 문자열을 입력받아 앞에서부터 정수로 변환 가능한 부분을 변환한 후 두 수의 곱을 출력하는 프로그램을 작성하시오.(각 문자열의 길이는 100이하이다).

【 입력/출력 예 】

입력 예: 48!211 32%77

출력 예: 48 * 32 = 1536

【 소스 11-9 】

```
#include <stdio.h>
#include <stdlib.h>

int main()
{
    char s1[100];
    char s2[100];

    int num1, num2;

    scanf(" %s", s1);
    scanf(" %s", s2);

    num1 = atoi(s1);
    num2 = atoi(s2);

    printf("%d * %d = %d\n", num1, num2, num1*num2);

    return 0;
}
```

num1 = atoi(s1);

atoi( )는 문자열을 정수로 변경해주는 함수이다. 파라미터로 주어진 문자열이 숫자라면 그 수를 정수로 변경해준다. 만약 주어진 문자열이 정수와 특수문자의 조합으로 섞여 있다면 해당 문자열에서 특수문자가 나오기 전까지의 정수값들을 정수로 변환한다. 만약 "48!211"이 입력됐다면 '48'만 정수로 변경한다.

atoi( ) 함수는 stdlib.h 라이브러리에서 제공하는 함수이다. 정수 이외에 문자열을 숫자로 변경하는 함수도 존재한다.

- atoi() : 문자열을 정수로 변경해 준다.
- atof() : 문자열을 실수로 변경해 준다.
- atol() : 문자열을 long int형으로 변경해 준다.

문자를 숫자로 변경하는 함수가 있다면 숫자를 문자로 변경해주는 함수도 존재한다. stdlib.h에서는 위와 같이 숫자를 문자로 변경하는 함수도 제공하는데 그 종류는 아래와 같다.

- itoa() : 정수를 문자열로 변경해 준다.
- ltoa() : long int 정수를 문자열로 변경해 준다.

혼자 해보기

문자열을 입력받고 입력받은 문자열을 정수로 변경한다. 변경된 정수와 문자열의 숫자가 같으면 True 다르면 False를 출력하는 함수를 작성하고 아래와 같은 결과가 나오도록 프로그램을 완성하시오.

【 입력/출력 예 】

입력 예: 32*77

출력 예:
```
입력 : 32*77
정수변환 : 32
문자열 비교 : False
```

입력 예: 3245

출력 예:
```
입력 : 3245
정수변환 : 3245
문자열 비교 : True
```

10. 아래와 같이 문자열을 입력받아 1개의 사칙연산을 수행하는 프로그램을 작성하시오. (숫자와 사칙연산 기호 사이는 빈 공간으로 두면 안 된다.)

【 입력/출력 예 】

입력 예: 13*4
출력 예: 52

입력 예: 45+11
출력 예: 56

【 소스 11-10 】

```
#include <stdio.h>
#include <stdlib.h>
#include <string.h>

int main()
{
    char num1[100];
    char str[100];
    int i, count, len;
    int oper_loc = 0, oper = 0;

    while (1) {
            count = 0
            scanf("%s", &str);
            len = strlen(str);

            for (i = 0; i < len; i++) {
                    if (str[i] == 42 || str[i] == 43 || str[i] == 45 || str[i] == 47) {
                            oper = str[i];
                            oper_loc = i;
                            break;
                    }
            }
            for (i = oper_loc + 1; i < len; i++) {
                    num1[count++] = str[i];
            }
            num1[count] = 0;
```

```
            if (oper == 43)printf("%d\n", atoi(str) + atoi(num1));
            if (oper == 45)printf("%d\n", atoi(str) - atoi(num1));
            if (oper == 42)printf("%d\n", atoi(str) * atoi(num1));
            if (oper == 47)printf("%d\n", atoi(str) / atoi(num1));
    }
    return 0;
}
```

```
for (i = 0; i < len; i++) {
        if (str[i] == 42 || str[i] == 43 || str[i] == 45 || str[i] == 47) {
                oper = str[i];
                oper_loc = i;
                break;
        }
}
```

입력된 문자열 값에서 연산자를 찾아내기 위한 반복문이다. 각각의 문자를 하나씩 검색하여 '+', '–', '*', '/' 중에 하나의 문자가 검색되면 연산자를 저장하는 oper변수에 검색된 연산자를 저장한다. 각 연산자의 비교는 아스키코드표를 통해 검색할 수 있다. 연산자를 저장함과 동시에 문자열에서 연산자 문자의 위치 값도 저장한다. 연산자의 위치 값은 연산자 앞뒤의 숫자의 위치를 파악하기 위해 쓰인다.

```
for (i = oper_loc + 1; i < len; i++) {
        num1[count++] = str[i];
}
```

문자열에서 연산자 앞의 첫 번째 숫자는 atoi( ) 함수를 통해 구할 수 있다. 하지만 두 번째 숫자의 경우 연산자 이후의 숫자를 직접 찾아야 한다. 우선 연산자의 위치를 oper_loc에 저장해놨기 때문에 문자열의 탐색을 oper_loc+1부터 시작한다. oper_loc+1부터 문자열의 문자를 num1 배열에 저장한다. 이렇게 되면 num1 배열에 연산자 이후의 숫자가 저장된다.

```
num1[count] = 0;
```

문자의 마지막은 항상 NULL이 있어야 하므로 NULL을 의미하는 숫자 0을 문자의 마지막에 대입해준다.

```
if (oper == 43)printf("%d\n", atoi(str) + atoi(num1));
if (oper == 45)printf("%d\n", atoi(str) - atoi(num1));
if (oper == 42)printf("%d\n", atoi(str) * atoi(num1));
if (oper == 47)printf("%d\n", atoi(str) / atoi(num1));
```

oper 변수에 연산자의 종류가 저장되어 있기 때문에 oper의 값에 따라 연산의 종류를 달리하여 출력해준다. atoi(str)을 이용하여 첫 번째 정수를 얻을 수 있고 두 번째 정수는 위에서 num1 변수에 저장해 놨기 때문에 atoi(num1)을 이용하여 두 번째 정수를 구한다. 최종적으로 oper변수에 따라 연산의 결과를 출력한다.

혼자 해보기

아래와 같이 문자열을 입력받아 1개 이상의 사칙연산을 수행하는 프로그램을 작성하시오. (연산의 우선순위는 무시한다. 예: 10+10*2 -> 40)

【 입력/출력 예 】

```
입력 예:  13*4-1
출력 예:  51

입력 예:  30+20/5
출력 예:  10
```

확인학습

01. 하나의 문자열을 표준 입력받고 입력받은 문자열에서 단어의 개수를 세어 출력하는 프로그램을 작성하시오. (띄어쓰기를 기준으로 단어의 개수 표시)

입력 예	abc def
출력 예	2

02. 문자열을 입력으로 받아 구두점의 개수를 구하여 출력하는 프로그램을 작성하시오. (구두점 : 쉼표, 마침표)

입력 예	123,456.78
출력 예	2

03. 문자열을 "1aegu Cathol2c Un2vers2ty"로 초기화하고 2개의 문자를 수정하여 "Daegu Catholic University"로 바꾸는 프로그램을 작성하시오.

입력 예	기존 문자와 새로운 문자 : 1 D 2 i
출력 예	변환된 결과 ==〉 Daegu Catholic University

04. n개의 숫자로만 이루어지고 공백이 없는 하나의 문자열을 입력받아 이 숫자를 모두 합한 결과를 출력하는 프로그램을 작성하시오.

입력 예	n 입력 〉〉 5 12345
출력 예	15

05. 두 수를 입력받고 두 수 중에서 더 큰 수를 출력하는 프로그램을 작성하시오.단, 입력 숫자를 반전시킨다고 가정한다. (예: 734 -> 437)

입력 예	734 893
출력 예	437

06. 하나의 문자열을 표준 입력받고 입력받은 문자열에서 가장 많이 사용된 알파벳이 무엇인지 출력하는 프로그램을 작성하시오.

입력 예	aaabcdefg
출력 예	a

CHAPTER

12

구조체

미리보기

12장에서는 다양한 데이터 타입의 변수를 하나의 그룹으로 묶어 관리할 수 있는 구조체에 대하여 학습한다. 구조체는 다양한 데이터 타입을 하나의 그룹으로 묶어 관리할 수 있도록 하는 사용자 정의 데이터 타입으로 실세계의 데이터를 프로그램에서 편리하게 관리할 수 있도록 하는데 필수적이다.

01. 이름과 나이를 입력받아 다음과 같이 출력하는 프로그램을 작성하시오.

【 입력/출력 예 】

입력 예:	당신의 이름은 무엇입니까? 구조체 당신의 나이는 몇 살입니까? 24 당신의 집 주소를 적으시오 : 서울시 용산구
출력 예:	이름 : 구조체 나이 : 24 주소 : 서울시 용산구

【 소스 12-1 】

```c
#include <stdio.h>

struct Person{
    char name[20];
    int age;
    char address[100];
};

int main(void) {
    struct Person person1;
    printf("당신의 이름은 무엇입니까? ");
    scanf("%s", person1.name);
    printf("당신의 나이는 몇 살입니까? ");
    scanf("%d", &person1.age);
    printf("당신의 집 주소를 적으시오 : ");
    scanf("%s", person1.address);

    printf("이름 : %s\n", person1.name);
    printf("나이 : %d\n", person1.age);
    printf("주소 : %s\n", person1.address);

    return 0;
}
```

```c
struct Person{
        char name[20];
        int age;
        char address[100];
};
```

구조체는 여러 자료형을 가진 변수들을 하나로 묶어 자료형으로 사용할 수 있도록 정의하는 것을 말한다. 말 그대로 자료들을 구조화해서 저장과 사용을 쉽게 할 수 있도록 도와준다.

구조체의 정의 방법은 아래와 같다.

```
struct 구조체 이름
{
    자료형 변수명1;
    자료형 변수명2;
};
```

'struct 구조체 이름'으로 구조체를 선언한다. 위 예제에서는 struct Person으로 이름이 Person 구조체를 정의한 것이다. 그 후 { ... } 안에 자료형을 선언한다. Person 구조체의 경우 이름, 나이, 주소를 저장하는 char name[20], int age, char address[100] 세 개의 변수를 선언하였다. 이렇게 구조체의 몸체에 선언된 변수들을 구조체의 멤버변수라고 한다. 또한 구조체를 정의할 때에는 마지막에 항상 ";"을 붙여 구조체를 끝내야 한다.

struct Person person1;

Person으로 정의된 구조체를 사용하기 위해서는 그 구조체를 변수로 선언해야 한다. 'struct Person p1;'은 Person 구조체 형태의 p1 변수를 선언한 것이다.

Person은 아래 그림처럼 사람으로 정의된 틀이라고 생각하면 된다. 이러한 구조체 틀에서 person1, person2, person3과 같이 다양한 객체들이 생성될 수 있다. 각각의 객체는 사람이라는 틀로 구조화되어 있지만 그 각각의 값(이름, 나이, 주소)의 서로 다른 단독적인 객체로 이루어져 있다. 이렇게 구조화된 틀을 이용하여 자료를 관리하고 저장할 때 구조체를 사용한다.

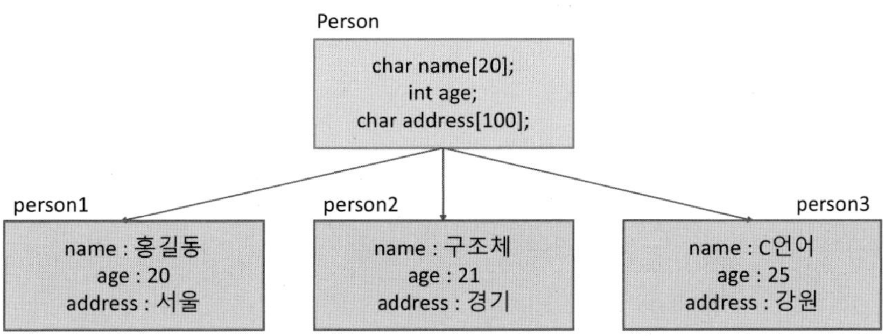

```
scanf("%s", person1.name);
```

person1의 멤버변수인 name의 값을 입력받는다. 구조체의 경우 다른 자료형과는 다르게 변수명 뒤에 '.'를 붙여 구조체 내의 멤버변수에 접근한다. 이렇게 접근한 변수는 일반 변수와 똑같이 사용가능하다.

```
printf("이름 : %s\n", person1.name);
```

person1의 멤버변수인 name 의 값을 출력한다.

혼자 해보기

"음식", "재료", "조리시간" 을 입력받아 아래와 같이 출력하는 프로그램을 작성하시오. (음식은 20자 이내 문자열, 재료는 100자 이내 문자열, 조리시간은 정수이다.)

【 입력/출력 예 】

```
입력 예:   음식 : 짜장면
          재료 : 면,짜장,양파,고기
          조리시간 : 20

출력 예:   입력한 음식 정보는 아래와 같습니다.
          음식 명 : 짜장면
          재료 : 면,짜장,양파,고기
          조리시간 : 약 20분
```

02. 두 명의 이름과 국어, 영어 점수를 입력받아 각 과목별 합계를 구하여 출력하는 프로그램을 작성하시오.

【 입력/출력 예 】

```
입력 예:   홍길동 100 55
          구조체 60 45

출력 예:   홍길동과 구조체의 국어점수 합계 : 160
          홍길동과 구조체의 영어점수 합계 : 100
```

【 소스 12-2-1 】

```
#include <stdio.h>
```

```
struct Student{
    char name[20];
    int kor_score;
    int eng_score;
};

int main(void) {
    struct Student human1, human2;
    scanf("%s", human1.name);
    scanf("%d", &human1.kor_score);
    scanf("%d", &human1.eng_score);
    scanf("%s", human2.name);
    scanf("%d", &human2.kor_score);
    scanf("%d", &human2.eng_score);

    printf("%s와 %s의 국어점수 합계 : %d\n", human1.name, human2.name, human1.kor_score +
human2.kor_score);
    printf("%s와 %s의 영어점수 합계 : %d\n", human1.name, human2.name, human1.eng_score +
human2.eng_score);
    return 0;
}
```

struct Student human1, human2;

2명의 학생 점수를 입력받아 계산해야 하므로 Student 구조체 변수 human1과 human2를 선언한다.

【 소스 12-2-2 】

```
#include <stdio.h>

struct Student{
    char name[20];
    int kor_score;
    int eng_score;
};

int main(void) {
    struct Student human[2];
    int i;
    for (i = 0; i < 2; i++)
    {
```

```
            scanf("%s", human[i].name);
            scanf("%d", &human[i].kor_score);
            scanf("%d", &human[i].eng_score);
    }

    printf("%s와 %s의 국어점수 합계 : %d\n", human[0].name, human[1].name, human[0].kor_score +
human[1].kor_score);
    printf("%s와 %s의 영어점수 합계 : %d\n", human[0].name, human[1].name, human[0].eng_score +
human[1].eng_score);
    return 0;
}
```

`struct Student human[2];`

위와 같이 여러 개의 구조체 변수를 배열로 선언하여 관리할 수 있다. 구조체의 배열 선언은 다른 변수들과 마찬가지로 변수명 뒤에 배열의 크기를 설정해준다.

혼자 해보기

멤버변수로 학생의 이름, 국어 점수, 영어 점수를 입력하여 각각 국어 및 영어 점수의 평균을 구하는 프로그램을 작성하시오. (학생의 수는 5명으로 한다.)

【 입력/출력 예 】

```
입력 예:    학생1 50 80
            학생2 100 100
            학생3 95 85
            학생4 100 95
            학생5 90 90

출력 예:    국어 평균 : 87
            영어 평균 : 90
```

---

03. 멤버변수로 char name[20], int price, char rank를 가지는 구조체를 선언하고 해당 구조체를 사용하여 다음과 같이 출력하는 프로그램을 작성하시오.

【 출력 예 】

```
AirP 140000 B
QC 35000 C
BIZ 120000 A
```

【 소스 12-3 】

```
#include <stdio.h>
#include <string.h>

struct Earbuds{
    char name[20];
    int price;
    char rank;
} e1;

int main(void) {
    struct Earbuds e2;
    struct Earbuds e3 = {"BIZ", 120000, 'A'};
    strcpy(e1.name,"AirP");
    e1.price = 140000;
    e1.rank = 'B';
    strcpy(e2.name, "QC");
    e2.price = 35000;
    e2.rank = 'C';

    printf("%s\t%d\t%c\n", e1.name, e1.price, e1.rank);
    printf("%s\t%d\t%c\n", e2.name, e2.price, e2.rank);
    printf("%s\t%d\t%c\n", e3.name, e3.price, e3.rank);
    return 0;
}
```

```
struct Earbuds{
        char name[20];
        int price;
        char rank;
  } e1;
```

구조체 Earbuds를 정의한다. Earbuds의 구조체는 name, price, rank를 멤버변수로 소유한다. 구조체의 끝 부분의 'e1;'는 Earbuds의 구조체형 변수 e1을 선언한 것이다. 지금까지는 구조체의 정의와 선언을 따로 하였지만 중괄호와 세미콜론 사이에 변수를 지정해주면 구조체를 정의하는 동시에 변수를 선언할 수 있다.

```
struct Earbuds e2;
```

추가적으로 e2 변수를 선언한다. e1의 경우 Earbuds 구조체를 정의함과 동시에 선언되었기 때문에 다른 곳에서 바로 사용할 수 있다.

```
struct Earbuds e3 = {"BIZ", 120000, 'A'};
```

구조체 변수 e3을 선언하고 이름, 가격, 순위를 초기화한다. 위와 같이 구조체 변수를 선언할 때 초기화도 가능하다. 주의할 점은 {} 안의 데이터는 구조체를 정의한 순서대로 멤버변수에 대입된다.

```
strcpy(e1.name,"AirP");
e1.price = 140000;
e1.rank = 'B';
```

'strcpy(e1.name, "AirP");'의 경우 e1의 name에 "AirP" 값을 복사한다. 이렇게 e1은 구조체를 선언함과 동시에 사용할 수 있다. 주의해야할 점은 e1의 경우 전역변수로 분류된다. 자세히 보면 구조체 변수 e1은 main 함수 바깥에 선언되어 있다. e1 함수는 main 함수 이외에도 다른 함수에서 모두 사용 및 변경이 가능하다.

e2와 e3의 경우 main 함수 내에서 선언한 구조체 변수이므로 main 함수 안에서 사용된 후 main 함수가 종료될 때 함께 삭제된다.

혼자 해보기

과목명, 점수, 학점을 멤버변수로 가지는 구조체를 생성한 뒤, 구조체 선언 시 초기화를 통해 값을 입력하고 다음과 같이 출력하는 프로그램을 작성하시오.

【 출력 예 】

```
과목명  점수  학점
국어    95    A
영어    87    C
수학    82    D
사회    80    D
과학    77    F
```

04. 앞의 예제 3에서는 이어폰의 이름, 가격, 순위를 멤버변수로 가지는 구조체를 생성하였다. 위 예제에 생산 날짜를 포함하는 Date 구조체를 만들고 아래와 같이 입력한 후 출력하는 프로그램을 작성하시오.

【 입력/출력 예 】

```
입력 예:    AirP 140000 B 2019 3
            QC 35000 C 2018 12
            BIZ 120000 A 2018 4

출력 예:    Name     price     Rank     Year     Month
            AirP     140000    B        2019     3
            QC       35000     C        2018     12
            BIZ      120000    A        2018     4
```

【 소스 12-4 】

```
#include <stdio.h>
#include <string.h>

struct Date{
    int year;
    int month;
};
```

```
struct Earbuds{
    char name[20];
    int price;
    char rank;
    struct Date ex_date;
};

int main(void) {
    struct Earbuds e[3];
    int i;
    for(i = 0; i < 3; i++){
        scanf("%s ",e[i].name);
        scanf("%d ",&e[i].price);
        scanf("%c ",&e[i].rank);
        scanf("%d ",&e[i].ex_date.year);
        scanf("%d",&e[i].ex_date.month);
    }

    for(i = 0; i < 3; i++){
        printf("%s\t%d\t%c", e[i].name, e[i].price, e[i].rank);
        printf("\t%d\t%d\n", e[i].ex_date.year, e[i].ex_date.month);
    }
    return 0;
}
```

struct Date{ ... }

생산연도와 월을 기록하는 Date 구조체를 정의한다.

```
struct Earbuds{
        char name[20];
        int price;
        char rank;
        struct Date ex_date;
};
```

Earbuds 구조체 멤버변수로 Date 구조체인 ex_date를 선언하였다. 구조체는 위와 같이 구조체 멤버 변수로 다른 구조체를 선언하여 사용할 수 있다. 구조체 멤버 변수로 구조체를 선언하여 사용함으로 써 좀더 단계적이고 구조적인 자료 활용을 할 수 있다. Earbuds의 경우 Earbuds의 정보와 날짜를 분리하여 사용함으로써 자료의 구분과 관리가 쉽고 빠르다.

```
scanf("%d ",&e[i].ex_date.year);
scanf("%d",&e[i].ex_date.month);
```

구조체의 멤버변수에 접근하기 위해서는 '.' 접근 지정자를 한번 더 사용하면 된다. 첫 번째 scanf( ) 함수 내용을 보면 e[i] 구조체의 ex_date 멤버변수에 접근하였고 Date 구조체인 ex_date의 멤버변수 year에 접근하기 위해 '.'를 이어서 두 번 사용한 것을 볼 수 있다.

혼자 해보기

앞의 예제 4에서 작성한 구조체에 제조사 정보를 나타내는 구조체를 추가하여 아래와 같이 출력하는 프로그램을 작성하시오.

【 출력 예 】

```
Name    price    Rank   Year    Month   Manufacturer   Fyear
AirP    140000   B      2019    3       Banana         1995
QC      35000    C      2018    12      Peanut         2010
BIZ     120000   A      2018    4       Sung           1985
```

05. 예제 3번의 구조체를 인자로 입력받아 함수의 결과 값으로 해당 구조체의 멤버변수 price의 값을 절반으로 출력하는 함수를 구현하고 다음과 같이 출력하는 프로그램을 작성하시오.

【 출력 예 】

```
세일 전 가격 : AirP   140000   B
세일 후 가격 : AirP   70000   B
```

【 소스 12-5 】

```
#include <stdio.h>
#include <string.h>

struct Earbuds {
    char name[20];
    int price;
    char rank;
};
```

```
struct Earbuds sale(struct Earbuds n) {
    n.price = n.price / 2;
    return n;
}

int main(void) {
    struct Earbuds ap;
    strcpy(ap.name, "AirP");
    ap.price = 140000;
    ap.rank = 'B';
    printf("세일 전 가격 : %s\t%d\t%c\n", ap.name, ap.price, ap.rank);
    ap = sale(ap);
    printf("세일 후 가격 : %s\t%d\t%c\n", ap.name, ap.price, ap.rank);
    return 0;
}
```

struct Earbuds sale(struct Earbuds n) { ... }

Earbuds 구조체 자료형의 sale( ) 함수를 구현한다. sale 함수는 인자 값으로 Earbuds 구조체를 전달받는다. 전달받은 구조체는 멤버변수 n에 대입되고 구조체 Earbuds의 price의 값을 2로 나눈 후 n을 리턴한다.

ap = sale(ap);

sale 함수에 Earbuds 구조체 ap를 전달한다. 구조체 ap는 sale( ) 함수에 값에 의한 전달이 되기 때문에 sale( ) 함수에서 구조체의 값을 변경하여도 main( ) 함수의 ap 구조체에는 아무런 영향을 주지 않는다. 그러므로 변경된 데이터를 다시 받기 위해서는 함수 리턴을 다시 ap에 대입하여 변경된 내용을 전달받도록 한다.

참고 사항

위와 같은 방법으로 함수 내에서 구조체의 내용을 변경할 수 있다. 하지만 값에 의한 전달로 함수에 전달된 구조체는 함수 내에 똑같은 구조체 공간을 만들고 내용을 복사해서 사용하기 때문에 불필요한 메모리를 사용한다. 또한 구조체의 크기가 커질수록 멤버변수로 복사하는 데 시간이 많이 걸리기 때문에 구조체를 값에 의한 전달로 함수에 전달하는 것은 프로그램에 큰 부하를 줄 수 있다.

이러한 부담을 줄이기 위해 포인터를 사용하는 참조에 의한 전달을 사용하지만 본 책에서는 포인터를 다루지 않기 때문에 넘어가도록 한다. 자세한 정보는 추가적으로 찾아보길 권장한다.

혼자 해보기

앞의 예제 5번의 프로그램을 기반으로 sale( ) 함수에서 제품의 이름을 반대로 출력하는 기능을 추가하고 아래와 같이 출력하도록 프로그램을 작성하시오.

【 출력 예 】

```
세일 전 가격 : AirP   140000   B
세일 후 가격 : PriA    70000   B
```

확인학습

01. 프로그래밍 언어의 이름, 탄생연도를 저장하기 위한 구조체를 정의하고, 다음과 같이 값을 입력받은 뒤 출력하는 프로그램을 작성하시오.

입력 예	C 1972 C++ 1983 JAVA 1995
출력 예	이름 탄생연도 C 1972 C++ 1983 JAVA 1995

02. 음식 이름, 가격, 유통기한을 저장하기 위해 구조체를 최소 2개 이상 사용하여 정의하고, 다음과 같이 값을 입력받은 뒤 출력하는 프로그램을 작성하시오.

입력 예	컵라면 900 2020 8 31 족발 28000 2019 11 25 육회 30000 2019 11 23
출력 예	제품명 가격 유통기한 컵라면 900 2020-8-31 족발 28000 2019-11-25 육회 30000 2019-11-23

03. 위 2번 문제의 구조체를 기반으로, 음식의 재료를 정의하는 구조체를 추가하고 정의하시오. 최소 3개의 구조체를 사용하여야 하며, 재료의 경우 1개 ~ 5개의 값을 선택하여 입력할 수 있도록 코드를 작성하시오.

입력 예	샌드위치 3000 2019 12 12 재료 수 : 5 식빵 햄 치즈 오이 계란 김밥 1500 2019 12 30 재료 수 : 5 김 쌀 햄 단무지 오이 샐러드 3500 2019 12 1 재료 수 : 3 오이 양상추 계란

출력 예	제품명 가격 유통기한 원재료 샌드위치 3000 2019-12-12 식빵 햄 치즈 오이 계란 김밥 1500 2019-12-30 김 쌀 햄 단무지 오이 샐러드 3500 2019-12-1 오이 양상추 계란

04. 위 3번 문제의 구조체를 기반으로, 입력한 재료가 포함되거나 입력한 가격보다 높은 가격을 가지는 제품을 조회하는 프로그램을 작성하시오.

입출력 예	1.가격조회 2.재료조회 3.종료 >> 1 금액을 입력하세요 >> 3000 제품명 가격 유통기한 원재료 샌드위치 3000 2019-12-12 식빵 햄 치즈 오이 계란 샐러드 3500 2019-12-1 오이 양상추 계란 1.가격조회 2.재료조회 3.종료 >> 2 재료를 입력하세요 >> 햄 제품명 가격 유통기한 원재료 샌드위치 3000 2019-12-12 식빵 햄 치즈 오이 계란 김밥 1500 2019-12-30 김 쌀 햄 단무지 오이 1.가격조회 2.재료조회 3.종료 >> 3 종료합니다

05. 음료의 이름, 가격을 저장하는 구조체와 해당 음료들의 정보를 저장하기 위한 자판기 구조체를 정의하고 간단한 자판기 프로그램을 작성하시오.

입출력 예	현재 금액 : 0원 1.음료목록 2.금액충전 3.종료 >> 2 충전할 금액을 입력하세요 >> 4800 4800원 충전 완료 현재 금액 : 4800원 1.음료목록 2.금액충전 3.종료 >> 1 1. 녹차 : 400원 2. 콜라 : 700원 3. 비타민음료 : 1000원 >> 2 콜라를 뽑아서 4100원이 남았습니다. 현재 금액 : 4100원 1.음료목록 2.금액충전 3.종료 >> 3 종료합니다

기호

번호

A

C

D

E

F

G

ㅊ

ㅋ

ㅌ

ㅍ

ㅎ

서동만

2000.02~2001.07 드림헌터인터렉티브 대표

2008.09~2009.02 University of Minnesota, Duluth 방문연구원

2010.02 강원대학교 컴퓨터정보통신공학 박사

2010.03~2014.02 한국과학기술연구원 영상미디어연구센터 박사후연구원

2010.09~2012.08 과학기술연합대학원대학교(UST) HCI 및 로봇응용공학 시간강사

2014.03~ 대구가톨릭대학교 IT공학부 교수

전수빈

2012.03~2014.02 University of Minnesota, Duluth 방문연구원

2017.08 강원대학교 컴퓨터정보통신공학 박사

2017.09~2019.08 APTIV KOREA LLC 연구원

2019.09~ 대구가톨릭대학교 IT공학부 교수

C 프로그래밍 기초

인 쇄 | 2022년 01월 19일
발 행 | 2022년 01월 26일

저 자 | 서동만, 전수빈
발 행 인 | 성희령
출 판 기 획 | 안성일, 한혜인, 임민정
영업마케팅 | 채희만, 한석범, 유효진, 이호준
총 무 회 계 | 이승희
발 행 처 | INFINITYBOOKS

주 소 | 경기도 고양시 일산동구 하늘마을로 158
대방트리플라온 C동 209호

대 표 전 화 | 02)302-8441
팩 스 | 02)6085-0777

도서 문의 및 A/S 지원
홈 페 이 지 | www.infinitybooks.co.kr
이 메 일 | helloworld@infinitybooks.co.kr

I S B N | 979-11-85578-52-1
등 록 번 호 | 제25100-2013-152호
판 매 정 가 | 18,000원